TINEKE OSTERLOH

Stark im Wandel

Lebensveränderungen annehmen und aktiv gestalten

Wenn etwas zu Ende geht

Die Geheime Zeit

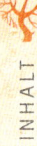

Den Anfang wagen

Fülle und Kraft

Vorwort

Veränderungen und Umbruchphasen im Leben so nehmen können, dass man an ihnen wächst – wer möchte das nicht? Doch obwohl wir immer wieder erleben, dass die Dinge sich wandeln und verändern, fehlt es uns oft an Zuversicht und auch an konkretem »Handwerkszeug«, wenn wir mit einer Veränderungssituation umgehen müssen. Als Coach begleite ich seit vielen Jahren Menschen, die sich gerade mitten in solch einer Umbruchphase befinden oder aber eine Veränderung wünschen und für diesen Prozess Unterstützung suchen. Wir arbeiten dann intensiv daran, die individuelle Situation aus verschiedenen Perspektiven heraus zu verstehen. Auf diese Weise entwickeln sich eine mitfühlende Haltung sowie ein konstruktiver Umgang mit den anstehenden Entscheidungen. Dabei ist es für mich oft berührend zu erleben, wie viel Freude es auslösen kann, wenn ein Mensch das Gefühl und die vielfältigen Möglichkeiten (wieder)entdeckt, selbst etwas in seinem Leben gestalten und verändern zu können.

Vieles von dem, worüber ich schreibe, basiert nicht nur auf meinen Erfahrungen als Coach, sondern auch auf meinem Verständnis der buddhistischen Weisheitslehren, die ich seit nahezu zwanzig Jahren als autorisierte buddhistische Meditationslehrerin unterrichte. Die meditative Herangehensweise kann Ihnen, liebe Leserin, lieber Leser, helfen, in ruhiger und vertrauensvoller Atmosphäre zu überlegen, wo Sie gerade stehen und was für Sie derzeit von Bedeutung ist, und Sie darin unterstützen, Veränderungen und Wandel anzunehmen, mutig anzugehen und gut zu bewältigen!

Tineke Osterloh

Leben heißt Veränderung

Unzählige Erfahrungen von Wandel und Veränderungen
prägen das Leben jedes Einzelnen von uns –
ob wir es wollen oder nicht. Sie zwingen uns,
loszulassen und uns auf etwas Neues einzulassen.
Keine Kleinigkeit! Veränderungssituationen können
unter die Haut gehen und uns herausfordern.
Wir können sie aber auch meistern und daran wachsen.

AUS HERAUSFORDERUNGEN
WERDEN CHANCEN

Vielleicht befinden Sie sich gerade in einer Situation wie dieser: Seit einiger Zeit zeichnet sich eine bestimmte Veränderung in Ihrem Leben ab. Möglicherweise ist es eine, die Sie selbst herbeisehnen, oder aber sie wird von außen an Sie herangetragen. Vielleicht ist aber auch ganz plötzlich etwas passiert, das Ihr Leben von Grund auf umkrempelt. Klar ist in jedem Fall, dass demnächst einige Entscheidungen zu treffen sind, und das verursacht Ihnen zunehmend Kopfschmerzen. Was können Sie jetzt tun, um klarer und gelassener zu handeln? Bleiben Sie vor allem geduldig und sich selbst gegenüber mitfühlend. Lebensveränderungen sind oft nicht so leicht wegzustecken! Gemeinsam können wir uns ein paar Gedanken machen, wie man sie annehmen und gestalten kann.
Als Coach habe ich viele Klientinnen und Klienten durch Veränderungsprozesse begleitet – Schritt für Schritt, von Woche zu Woche. Darüber hinaus biete ich seit Jahren Coaching-Seminare an, in denen die Teilnehmenden Abstand vom Alltagsgeschäft finden und sich ungestört mit den gegenwärtigen oder zukünftigen Veränderungen in ihrem Leben beschäftigen können. Dreimal pro Jahr finden diese sechstägigen Seminare auf der Insel Amrum statt.
Aus eigener Erfahrung weiß ich, wie wichtig es ist, Zeit zu haben, um sich den anstehenden Fragen und Themen möglichst gefasst zuzuwenden. Doch Ruhe ist eigentlich so ziemlich das Letzte, was einem in Zeiten des Umbruchs üppig zur Verfügung steht. Stattdessen fühlt man sich eher geplagt von Sorgen und Zweifeln, getrieben von Hoffnungen und Wünschen. In der Flut von Gedanken möchte man am liebsten nach einer schnellen Lösung greifen. Doch die Dinge brauchen ihre Zeit, um sich zu klären, und vorübergehende Phasen der Ungewissheit und Unklarheit wollen toleriert werden. Etwas Abstand zu finden, tut

da häufig gut. Aber auch wenn für Sie im Moment keine längere Auszeit möglich ist, kann dieses Buch Ihnen helfen, Mut zu fassen und eine für Sie richtige Lösung auszuloten.

Weil ich auch buddhistische Meditationslehrerin bin, beziehe ich häufig Aspekte der Lehren über Weisheit und Mitgefühl sowie entsprechende Übungen in den Coaching-Prozess mit ein. Sie schenken Ruhe, schärfen den Blick und verändern die Perspektive. Sie sind eine wertvolle Hilfe, auch ohne dass man sich als Buddhist versteht.

SITUATIONEN, DIE UNS FORDERN

Zeiten, in denen sich Lebensumstände spürbar verändern, kennt jeder. Sie führen dazu, dass wir vertraute Gewohnheiten und Konstellationen loslassen und uns auf eine weniger vertraute oder bis dahin sogar unbekannte Situation einlassen müssen. Solche Veränderungen kommen als gewollte Herausforderungen oder auch als ungewollte Überraschungen daher. Sie wecken Hoffnungen und Ängste gleichermaßen. Diese Erfahrung machen beispielsweise Mitarbeiter eines Unternehmens, wenn ein struktureller Umbau ansteht oder eine Fusion geplant ist. Weil am Anfang noch keiner genau weiß, was auf ihn zukommt, tauchen verständlicherweise bange Fragen auf: »Was wird aus meinem Job? Wird er gestrichen? Wird mir gekündigt? Womit werde ich in Zukunft mein Geld verdienen?« Oder geheime Wünsche nach einer Beförderung oder einem Jobwechsel werden wach. Doch auch dann ist die Ruhe erst einmal dahin.

Ganz gleich, mit welcher Art von Veränderung wir es gerade zu tun haben, wir müssen einen Weg finden, um angemessen mit Befürchtungen und potenziellen Chancen umzugehen. Ein Schwerpunkt unserer Überlegungen wird daher sein, wie man gegenüber den Ängsten und anderen Gefühlen ein gesundes Maß an Toleranz entwickeln kann. Dann können wir auch die Klarheit finden, um Veränderungen und Umbrüche besser zu durchdenken und umsichtig zu gestalten.

DIE PHASEN DES LEBENS

Einschneidende Lebensveränderungen sind oft mit markanten Wende-punkten oder empfindlichen Übergangszeiten verbunden. Ihnen allen ist gemeinsam, dass sie uns emotional berühren, ja aufwühlen können. Schon die Geburt eines Menschen ist einer der beeindruckendsten Wendepunkte im Leben: Mutter und Kind müssen einander loslassen, sich körperlich entflechten – und gleichzeitig in einen neuen innigen Kontakt miteinander treten. Ein psychologisches (und manchmal auch körperliches) Kunststück!

Sowohl der Beginn als auch das Ende der Kindergarten- und Schulzeit sind für jedes Kind einschneidende Lebensveränderungen, die immer eine Zeit des Übergangs, der Verunsicherung und schließlich der Anpassung an die neue Lebenssituation erfordern. Schließlich kommt der bis dahin kaum vorstellbare Moment des Abschieds von der Schulzeit, und nicht selten fließen dabei Tränen. Übergänge, Umbrüche und Veränderungen treffen uns eben stark emotional. Wir sind aufgeregt oder fühlen uns ratlos: Wie wird es weitergehen? Dem einen schwirrt der Kopf vor lauter Ideen, nur weiß er nicht, welche er davon auswählen und weiterverfolgen soll. Der andere fürchtet sich und tut sich auf seine Weise schwer: Er fühlt sich wie allein an einem nebeligen Novembertag in der obersten Etage des Empire State Building in New York – und möchte am liebsten wieder nach Hause! Wandlungspro-zesse sind oft gefühlsmäßig anstrengend und eben auch ein wenig verunsichernd, sodass wir neue Orientierung suchen.

Auch in Liebesbeziehungen gibt es im Laufe der Jahre Wendepunkte. Paare müssen sich immer wieder neu aufeinander einstellen und die Veränderungen gestalten. Das wird besonders dann schwierig, wenn sich zwei Menschen eingestehen müssen, dass sie ihre Liebe füreinan-der verloren haben und sie ihre Partnerschaft beenden wollen. Sie lösen die vertraute, aber nun nicht mehr passende Lebenssituation auf. Beide müssen es aushalten, sich auf neue Wege einzulassen, die sie sich vielleicht in der Gegenwart noch gar nicht vorstellen können.

RUHE BEWAHREN – TROTZ ALLEDEM

Sobald Veränderungen auf uns zukommen, tendieren wir dazu, uns anzuspannen. Die Mehrzahl der anstehenden Neuerungen lässt sich jedoch auch ruhig und besonnen angehen. Es ist nicht notwendig, sich unter Druck zu setzen. Meistens ist dies ohnehin kontraproduktiv. Gerade unter Stress reflektiert man seine Argumente für oder gegen eine Entscheidung weniger ausführlich. Daher kommt es leichter zu Fehlentscheidungen. Abstand und ein gewisser zeitlicher Spielraum sind notwendig, um gründlich nachzudenken und abzuwägen. Und noch ein weiterer Grund spricht dafür, Umbruchsituationen möglichst in Ruhe zu gestalten: Man braucht Zeit, um sich mit Leib und Seele auf einen Wandel einzulassen. Sogar eine herbeigewünschte Veränderung lässt ja nicht nur eine neue, spannende Zeit anbrechen. Sie erfordert auch, Altes loszulassen. Daher ist es für viele Menschen ein seelisches Bedürfnis, noch einmal anzuhalten und zurückzuschauen. Sie möchten das, was sie erlebt haben, würdigen und bewusst verabschieden. Immer wieder höre ich von Klienten, wie gut es für sie war, sich während eines Veränderungsprozesses eine gewisse Auszeit zu nehmen. Ein Seminarteilnehmer, der für zwei Monate freigestellt wurde, weil sein Arbeitsplatz eingespart werden sollte, sagte: »Das war Glück im Unglück, denn ich konnte mich während der Zeit in Ruhe sortieren und überlegen, was jetzt für mich ansteht.«

»Wenn der Wind des Wandels weht, bauen die einen Mauern und die anderen Windmühlen.«

CHINESISCHES SPRICHWORT

AKZEPTIEREN LERNEN

Oft fällt es uns allerdings schwer, eine Veränderung anzunehmen, besonders dann, wenn diese überraschend kommt und uns aufgezwungen wird. Sie haben bestimmt selbst schon die Erfahrung gemacht, dass Sie mit einer neuen Situation konfrontiert waren, die Sie partout nicht wollten, und diese schließlich doch akzeptieren mussten. Nicht dass wir uns falsch verstehen: Es ist wichtig, dass wir unsere Stimme erheben und nicht alles hinnehmen. Oft kann man unliebsame Pläne ganz oder teilweise verhindern oder sie wenigstens mitgestalten.

Aber auch dann wird man die erzielten Kompromisse akzeptieren müssen, um mit ihnen ihren Frieden machen zu können.

FALLGESCHICHTE
Nicht vergeblich eingesetzt

Eines Tages hielt Martin die Kündigung seiner Mietwohnung in den Händen. Sein Vermieter machte darin Eigenbedarf geltend und wollte in absehbarer Zeit wieder selbst in der Wohnung leben. Auszug? Für Martin ein ganz unvorstellbarer Gedanke. Es begann ein monatelanges Ringen um die sich abzeichnende Veränderung seiner Wohnsituation. Martin wehrte sich, protestierte, klagte vor Gott, schrieb Briefe und stand schließlich auch einen Gerichtsprozess durch, den er allerdings verlor. Am Ende musste er sich eine neue Wohnung suchen. Eine einschneidende Lebensveränderung, die er sich nicht ausgesucht hatte und nun doch akzeptieren musste. Überraschenderweise fiel ihm dies nun nicht mehr schwer. Als ein Freund ihn fragte, wie das sein könne, antwortete er: »Weißt du, als die Kündigung kam, konnte ich es wirklich nicht glauben. Aber ich denke, gerade weil ich alles versucht habe, was ich konnte, um den Umzug zu verhindern, kann ich jetzt akzeptieren, dass es so ist.«

Viele Veränderungen, die wir in unserem Leben durchmachen, fragen nicht, ob wir sie wollen und ob sie uns willkommen sind. Sie geschehen einfach – etwa das Älterwerden. Suchen wir es uns aus, dass unser Körper diese unglaubliche Veränderung durchmacht? Als Kinder dachten wir, dass doch nur unsere Großeltern alt sind. Doch eines Tages bemerken wir, dass unser eigener Körper von Jahr zu Jahr altert. Im Zeitlupentempo verwandelt er sich. Auch manche Krankheiten kommen daher, ohne dass man mit ihnen gerechnet hat. Sie schleichen sich ein oder überfallen uns regelrecht und verändern unser Leben in einschneidender Weise – vorübergehend oder dauerhaft. Wir wählen das alles nicht so aus, und wir sind auch nicht »schuld« daran. Gerade diese ungebetenen Lebensveränderungen stellen uns vor das Rätsel, wie wir diese Entwicklungen akzeptieren und eine versöhnliche innere Haltung dazu entwickeln können. Dabei ist wichtig, sich vor Augen zu führen: In Veränderungsprozessen sind wir nicht nur Spielball machtvoller Kräfte, sondern können auch selbst mitgestalten. Wenn wir einen Weg finden, die neue Situation anzunehmen, liegt darin immer auch eine Chance auf Weiterentwicklung. Denn Krisenzeiten können zum Motor für wichtige Entscheidungen werden.

ÄNGSTE TOLERIEREN

Die Möglichkeit, unser Leben selbst zu gestalten und Entscheidungen darüber zu treffen, wo und mit wem wir leben und arbeiten wollen, gehört zu den großen Privilegien der Freiheit. In der Geschichte Europas ging es bei den gesellschaftlichen Umwälzungen immer wieder um diese Freiheit, die viele Menschen zu Recht eingefordert haben. Sie ist ein tiefes menschliches Bedürfnis. Doch sobald wir diese Freiheit haben, fällt es uns oft schwer, unsere Chancen in konkretes, bewusstes Handeln umzusetzen – denn Freiheit muss gestaltet werden.
Das größte Hindernis ist unsere Tendenz, den Ängsten zu viel Macht zu geben. Dies hindert uns daran, mutig loszulassen, Risiken einzugehen und den Schritt auf neues, unbekanntes Terrain zu wagen.

Angst vor dem Unbekannten

Christina hat einen stressigen Job als Führungskraft in einer Versicherung. Schon seit Jahren träumt sie davon, etwas ganz anderes zu machen: Am liebsten würde die 42-Jährige als Reiseleiterin arbeiten und anspruchs-volle Studienreisen nach Südamerika begleiten. Sie spricht drei Sprachen fließend und hat vor ihrem Studium ein Jahr in Peru gearbeitet. »Eigent-lich«, sagt die alleinstehende Frau, »wäre es doch ganz einfach, mein Leben zu verändern. Aber ich habe wirklich eine Heidenangst, was auf mich zukommen würde und ob ich das packe.« Christina wünscht sich nichts mehr als den Mut, der sie bestärkt, trotz aller Ängste vor Verände-rungen, einen Neuanfang zu machen.

Nicht hektisch zu werden, Veränderungen anzunehmen und Ängste zu tolerieren, darum wird es in diesem Buch immer wieder gehen. Es ist die Voraussetzung dafür, das eigene Leben – auch und gerade in Umbruchzeiten – selbst in die Hand zu nehmen.

ZUKUNFT GESTALTEN

In Veränderungsprozessen geht es immer darum, die Zukunft bewusst und umsichtig zu gestalten: Wenn wir planen, erfinden wir eigentlich ein Stück der Zukunft. Denn alles, was wir tun, basiert auf unseren Gedanken, Ideen und Gefühlen – auch wenn wir einen großen Teil davon nicht immer bewusst erleben. Es gibt kein Handeln ohne eine vorausgehende Idee davon im Geist. Unser Denken bestimmt unser Handeln. Stellen Sie sich die folgende Situation vor: Sabine und Michael leben schon eine Weile zusammen. Eines Tages hört Michael beim Mittagessen von einem Kollegen, dass dieser am Wochenende mit seiner Frau auf einer Hochzeit war. Da kommt Michael auf eine Idee: Heirat? Zurück am Schreibtisch hat er den Gedanken bald wieder vergessen, doch fällt ihm am Abend auf dem Heimweg ein Juwelier-laden auf, in dem Eheringe verkauft werden. In den nächsten Wochen kreisen seine Gedanken immer häufiger um das Thema Heiraten. Dabei probiert er ab und zu aus, wie es sich anfühlt, wenn er sich vorstellt, mit Sabine verheiratet zu sein. Bis schließlich der Tag kommt, an dem er überzeugt ist, dass dies die richtige Entscheidung wäre.

VERÄNDERUNGSPROZESSE BEGINNEN IM KOPF

Vielleicht ist Ihnen beim Lesen aufgefallen, dass es bis hierhin nur den Gedanken an eine mögliche Heirat gibt. Doch damit hat die anstehende Lebensveränderung schon lange ihren Anfang genommen. Noch kann Michael zwar den Gedanken jederzeit wieder verwerfen, ohne dass Sabine je davon erfährt. Aber wenn er es nicht tut, wird er versuchen, das, was gedanklich in seinem Geist bereits stattfindet, auch in die Tat umzusetzen, und Sabine einen Heiratsantrag machen. Erst wenn auch sie gedanklich und emotional einverstanden ist, werden sie sich einigen und anschließend ihre Gedanken der Hochzeitsplanung widmen – um diesen Tag, der noch in der Zukunft liegt, so zu gestalten, dass er unvergesslich für sie beide wird.

Auch wenn Sie mit einer plötzlichen Veränderung konfrontiert sind, beeinflusst der gedankliche Umgang damit, wie Sie später konkret darauf reagieren. Wichtig ist es also in jedem Fall, sich bewusst zu machen, welche Rolle das Denken in Veränderungsprozessen spielt. Denn unser Handeln orientiert sich daran. Es ist nicht egal, was Sie und ich denken! Mehr noch: Wenn wir unsere Fähigkeit, bewusst zu denken, geschickt einsetzen, lässt sich mehr planen und in eine positive Richtung für uns selbst und andere verändern, als wir vielleicht bisher angenommen haben. Nutzen wir diese Tatsache, entwerfen wir unsere Zukunft in einem gewissen Umfang selbst und gestalten wir unser Leben entsprechend (siehe dazu auch Seite 143–155).

UMSICHTIG UND RESPEKTVOLL HANDELN

Natürlich haben wir als Individuen nicht uneingeschränkte Gestaltungsmöglichkeiten oder gar letzte Kontrolle über unser Los. Das ist in einer komplexen, vielschichtig und interdependent verwobenen Welt wie der unseren nicht möglich. Das Unvorhersehbare, Unplanbare kann immer dazwischenkommen. Es lässt sich nicht ausschließen, dass die Dinge auch mal einen völlig anderen Verlauf nehmen, als wir dachten und geplant haben.

Auf der anderen Seite müssen wir die individuellen und gemeinschaftlichen Gestaltungskräfte, die uns zur Verfügung stehen, mit Respekt und Umsicht nutzen – gerade weil unsere Welt so dicht verwoben ist und unser Tun deshalb weitverzweigte Konsequenzen haben kann. Soweit dies möglich ist, sollten wir die Auswirkungen, die unser Handeln auf andere hat, von Anfang an mit berücksichtigen.

Doch wie lässt sich das bewerkstelligen? Wie kann man in verantwortungsvoller Weise mit den verschiedenen Lebenssituationen umgehen? Was wir ins Leben rufen, hat nicht nur Folgen für uns selbst. Es wirkt sich auch auf andere aus. Hier bietet uns die buddhistische Ethik Orientierung. »Respekt« und »Mitgefühl« gelten als Maßstab für unser Handeln. Die weltweit bekannte US-amerikanische Meditationslehrerin Pema Chödrön fasst die buddhistische Haltung so zusammen: »Am Anfang uns selbst und anderen nicht zu schaden, in der Mitte uns selbst und anderen nicht zu schaden und am Ende uns selbst und anderen nicht zu schaden, das ist die Grundlage einer erleuchteten Gesellschaft.«

Und damit sind wir wieder beim großen Thema Wandel angekommen. Bevor wir uns in den folgenden Kapiteln mit der Macht der Gedanken, ethischer Haltung und innerer Kultur, dem Umgang mit Gefühlen und mit sich selbst widmen, schauen wir noch einmal auf Änderungsprozesse im Allgemeinen: Wie und in welchen Phasen vollzieht sich ein Wandel? Das Wissen um allgemeingültige Aspekte ist hilfreich, wenn es darum geht, über unsere konkrete Lebenssituation nachzudenken.

DAS RAD
DES WANDELS

Veränderungen und eine gewisse Unbeständigkeit im Leben sind
normal. Die Dinge sind von Natur aus in Bewegung – ob lebendig oder
unbelebt. Selbst ein Hochgebirge wie die majestätisch sich emporhe-
benden Alpen oder die beeindruckende Bergwelt des Himalayas
verschiebt sich unablässig. Es ist objektiv unmöglich, sich gegen den
Wandel zu entscheiden. Auf einer ganz elementaren Ebene unseres
Daseins haben wir hier keine Wahl. Das wäre so, als würde man sich
gegen die Auswirkungen der Schwerkraft wehren wollen.

ALLES IST IN BEWEGUNG

Nicht nur die buddhistischen Weisheitslehren betonen unermüdlich,
dass alles, was entsteht, in Bewegung bleibt und wieder vergeht.
Auch ein Zeitgenosse des Buddha, der griechische Philosoph Heraklit,
erkannte, dass »alles fließt« und man »nicht zweimal in denselben Fluss
steigen« kann, weil das Wasser des Flusses unermüdlich weiterfließt –
ebenso wie der gesamte Strom des Lebens. Und auch wer in einem
Fluss badet, sagt Heraklit, verändert sich dabei mit jedem Moment und
ist, bildlich gesprochen, selbst wie ein Fluss von Gedanken und
Gefühlen, körperlichen Empfindungen und Rhythmen, die kommen
und gehen. Daher ist es unmöglich, zu zwei unterschiedlichen Zeit-
punkten exakt derselbe Mensch zu sein. Es kann also – so könnte man
erweitern – nicht derselbe Mensch zweimal in denselben Fluss steigen.
Denn der Fluss des Lebens verändert alles von Moment zu Moment,
Woche zu Woche, Jahr zu Jahr.
Mit Sicherheit haben Sie diese Erfahrung selbst schon unzählige Male
gemacht. Wenn Sie zurückdenken, wie Ihr Leben vor fünf Jahren, zehn

Jahren oder zwanzig Jahren aussah, werden Sie vermutlich zustimmen, dass die Welt sich spürbar gedreht hat und Sie selbst sich auch verändert haben. Noch deutlicher sehen wir es meistens an anderen. Keiner ist an zwei Tagen exakt der gleiche Mensch. Die Verschiebungen sind fein, aber sie sind da. »Zum Glück!«, möchte man ausrufen. Stellen Sie sich vor, das Leben wäre nicht im Fluss, sondern alles würde so stehen bleiben, wie es ist. Keine Bewegung, keine Entwicklung, kein Sonnenlauf, keine Jahreszeiten, keine Kinder, keine Alten, keine Geburtstage, keine Abschiede, keine neuen Begegnungen. Können Sie sich das ausmalen? Vermutlich nicht!

JEGLICHES HAT SEINE ZEIT

Im Alten Testament predigt Salomon in fast schon poetischer Weise: »Ein jegliches hat seine Zeit, und alles Vorhaben unter dem Himmel hat seine Stunde. Geboren werden hat seine Zeit, sterben hat seine Zeit; pflanzen hat seine Zeit, ausreißen, was gepflanzt ist, hat seine Zeit ...« Meiner Auffassung nach beschreibt Salomon damit sogar mehr als die Vergänglichkeit aller Dinge. Er deutet an, dass es Phasen und Zyklen gibt: Es gibt eine bestimmte Zeit im Jahr, da sind die Bedingungen optimal, um zu pflanzen, und es gibt eine Zeit, in der geerntet werden kann. Doch ist es nicht möglich, im Frühling reife Früchte einzufahren. Es geht also nicht nur um Wandel und Vergänglichkeit, sondern auch darum, ein Gespür für den richtigen Zeitpunkt zu entwickeln. Die Themen und Aufgaben, die sich im Veränderungsprozess stellen, sind nicht alle zum gleichen Zeitpunkt zu lösen. Keiner kann das, weil es objektiv unmöglich ist. Alles hat seine Zeit, und bestimmte Perspektiven und Antworten, die Sie sich vielleicht jetzt so dringlich herbeisehnen, zeigen sich oft erst allmählich. Wir können uns immer nur mit den Themen und Dingen auseinandersetzen, die jetzt tatsächlich schon greifbar und planbar sind. Die übrigen Dinge behalten wir im Blick und vertrauen darauf, dass die Zeit sie reifen lässt.

DIE STILLE, DIE ALLES TRÄGT

Salomon zeigt noch auf eine weitere Dimension, die allem innewohnt und vielleicht unsere tiefsten Erfahrungen berührt. Diese Ebene ist ebenso offensichtlich wie verborgen und nicht getrennt von der fließenden Qualität des Lebens, die hinter Wandel und Vergänglichkeit steht. Salomon sagt, Gott habe den Menschen die Ewigkeit in ihr Herz gelegt, und deutet damit etwas an, was man im buddhistischen Kontext so beschreiben kann: Inmitten des Wandels trägt uns eine ursprüngliche und unvergängliche Stille. Es gibt in ihr kein Kommen und Gehen, sondern nur eine stille, klare Wachheit.

Diese Erfahrung haben Sie möglicherweise schon gemacht, ohne sie weiter zu beachten oder irgendwie einzuordnen. Einige Menschen berichten von entsprechenden Erlebnissen in der Natur, die in diese Richtung deuten, beispielsweise während einer Zeit, die sie in den Bergen, im Wald oder in der Wüste verbracht haben, ohne viel zu reden. Der sonst oft so geschäftige Geist wird wunderbar ruhig – fast ist es, als käme man endlich nach Hause. Selbstvergessen spürt man, dass alles auf eine unfassbare Weise getragen ist.

ÜBUNG

Innehalten und ruhig werden

Nehmen Sie sich einen Augenblick Zeit, um sich zu entspannen, und überlegen Sie, wann Ihr Herz und Geist das letzte Mal wirklich zur Ruhe gekommen sind und Sie sich getragen fühlen konnten. Was war das für ein Moment? Wo waren Sie damals? Wie alt waren Sie? Können Sie sich noch erinnern?

Diese Erfahrungen können ein tiefes Gefühl von Glück erwecken – die Erfahrung, trotz allen Wandels immer zu Hause zu sein. Dies löst noch nicht die konkreten Herausforderungen des Alltags oder einer Krise, aber es ermutigt uns, den anstehenden Themen aus einem gesunden Grundvertrauen heraus einen Stellenwert zu geben, der angemessen ist und weniger stressbetont.

DIE PHASEN DER VERÄNDERUNG

In allen Veränderungsprozessen lassen sich außerdem unterschiedliche Phasen erkennen. Jede dieser vier Phasen hat ihre Zeit, ihre besonderen Merkmale und ihre spezifische Energie, die sie braucht, um sich zu entfalten. In jeder dieser Phasen sind wir auf unterschiedliche Art gefordert, uns den jeweils anstehenden Aufgaben zu stellen.

→ **Anfangsphase**: Es ist die Zeit, in der etwas Neues in die Welt kommt und Form annimmt: eine Idee, ein neues Projekt, ein neuer Job, eine neue Liebe oder vielleicht ein Baby. In der Regel wird dabei viel Energie auf einmal freigesetzt – manchmal müssen wir allerdings auch mit einem holprigen Anfang fertig werden.

→ **Mittlere Phase**: Sobald die Dinge auf den Weg gebracht sind, beginnt meistens eine stabilere Zeit der Konsolidierung mit einer stetigen Weiterentwicklung. Rhythmus und Routine begleiten diese Zeit, aber auch die Notwendigkeit, das Bestehende gut zu pflegen.

→ **Abschlussphase**: Schließlich kommt es zu der Zeit des Beendens, des Auflösens, des Abschiednehmens: Ein Lebensabschnitt wird beendet, eine Ehe wird aufgelöst, ein Kind zieht aus, oder ein Projekt wird mit einer kleinen Feier beendet.

→ **Zwischenphase (Pause)**: Wenn eine Lebensphase oder ein Projekt endet, ist es Zeit, vorübergehend Abstand zu nehmen und eine schöpferische Pause einzulegen. Diese Phase zwischen dem Ende des Bisherigen und dem Anfang des Neuen ist für unser körperliches und seelisches Leben von besonderer Bedeutung.

Vom Entstehen und Vergehen

Die vier typischen Phasen eines Wandlungsprozesses lassen sich auch am Lauf der Jahreszeiten beobachten: Frühling (Anfangsphase), Sommer (Mittlere Phase), Herbst (Abschlussphase) und Winter (Zwischenphase). In den Kapiteln 3 bis 6 beschäftigen wir uns praxisnah mit diesen Phasen. Dabei gehe ich jeweils kurz auf Entsprechungen in der Natur ein.

Auf den Seiten 24 und 25 sind die einzelnen Phasen der Veränderung, genauer: das Rad des Wandels grafisch dargestellt. Sie erkennen hier die in jeder Phase wirkenden Kräfte sowie dazugehörige Lebenssituationen. Das Bewusstsein für den Rhythmus und die Merkmale dieser Phasen hat sich als hilfreich und ordnend erwiesen. So lassen sich die wechselnden Herausforderungen in den vielen verschiedenen Veränderungsprozessen, durch die wir täglich gehen, besser annehmen und mit Umsicht gestalten. Das Wissen um die Kräfte, die dabei am Werk sind, ist so grundlegend, dass es auf alle Wandlungsprozesse anwendbar ist. Im Anschluss folgt ein Kapitel zum Thema Selbstmitgefühl. Nach buddhistischer Lehre ist eine mitfühlende Haltung sich selbst und anderen gegenüber Voraussetzung dafür, das Leben und damit auch Veränderungen gut zu meistern.

Bei einigen Übungen im Buch ist es sinnvoll, Dinge aufzuschreiben. Schaffen Sie sich am besten ein Notiz- oder Tagebuch an, in das Sie Reflexionen zu Ihrer aktuellen Situation notieren können.

Und nun wünsche ich Ihnen viel Freude und Erfolg beim Lesen, Nachdenken und Meditieren – und bei der Gestaltung Ihres Lebens!

Das Rad des Wandels

Pause

* Winter, Rückzug
* in der Erde verborgene Samen
* Pause, schlafen, schlummern
* Manchmal: Chaos, Verunsicherung
* Sabbatical, Auszeit
* Rekonvaleszenz, Heilung, Auszeit
* Erinnerung und Integration

Ende

* Herbst, verwelken, sich lösen
* Reife, Ernte, Dank
* Alter
* Befreiung, Ballast abwerfen
* Projektabschluss
* Scheidung, Trennung
* Insolvenz, Pleite
* Sterben
* Abschied nehmen, trauern

* Frühling, aufkeimen
  * Geburt
    * Initiation, Ernennung
      * Neuer Job, Unternehmensgründung
      * Sich verlieben
        * Einzug in eine neue Wohnung

Anfang

* Sommer, blühen, sich entfalten
* Lebensmitte, Fülle, Kraft
* Hegen und pflegen
* Erhalten, Treue
* Konsolidierungsphase
* Routine
* Durchhalten, dranbleiben

Mitte

Der Blick nach innen

Bei Veränderungen und Umbrüchen kann innerlich mindestens so viel in Bewegung kommen wie äußerlich! Fangen wir also bei uns selbst an und stärken wir unsere Basis, indem wir Herz und Geist immer wieder in ruhiges Fahrwasser lenken und eine grundlegend freundliche innere Atmosphäre kultivieren. So lässt sich das Leben mit seinen unzähligen Wendungen wesentlich entspannter und gelassener nehmen.

MITFÜHLEND
MIT SICH SELBST

Warum empfinden wir Veränderungen eigentlich oft als so anstrengend? Einen Umzug erleben die meisten Menschen als stressig – selbst
wenn sie nur ein oder zwei Stadtteile weiterziehen. Ein Jobwechsel kann
regelrecht zur Nervensache werden, bis man sich in der neuen Umgebung eingearbeitet hat, und die ersten Jahre als Eltern sind – entgegen
allen Bildern, die uns die Fernsehwerbung vorgaukelt – oft nicht nur
von Freude über das schnuckelige Baby geprägt, sondern auch von
Anstrengung und einer gewissen Unsicherheit. Aber warum sind wir
in einer neuen Situation erst einmal so angespannt?

WAS UNS ANGST MACHT

Veränderungen befördern uns aus den bekannten, vertrauten Bahnen
auf eher unbekanntes, fremdes Terrain. Wir kennen uns vorübergehend
nicht mehr richtig aus und machen uns daher automatisch auf eine
plötzliche (vermeintlich böse) Überraschung gefasst. Nur mit der Zeit
werden wir mit der neuen Lage vertraut und erkennen sie immer
häufiger wieder.

In Zeiten, in denen sich spürbar etwas in unserem Leben verändert,
werden wir uns zeitweilig sogar selbst etwas fremd. Nach einem Umzug
fühlt man sich anders als in der alten, vertrauten Wohnung. Die neue
Umgebung wirkt sich auf subtile Weise aus auf unsere Identität, unser
Ich-Gefühl, sodass man sich selbst nicht mehr genauso »anfühlt« wie
bisher. Das kann irritieren.

Übergänge bringen immer ein gewisses Maß an Verunsicherung.
Die neue Umgebung und die veränderten Wege und Abläufe
erfordern, dass wir uns anpassen. Und genau hier liegt eben auch

einer der wichtigsten Gründe, warum wir Lebensveränderungen oft als anstrengend empfinden: Sie werfen Fragen auf, die unser Gefühl von Sicherheit und Identität betreffen. Fragen wie: Wer bin ich? Was wird aus mir? Worauf kann ich vertrauen, mich verlassen?

IM NEUEN VERMUTEN WIR INSTINKTIV EINE GEFAHR

Sich auf etwas Neues einzulassen, kann sehr reizvoll sein, Hoffnungen beflügeln und einen regelrechten Energieschub freisetzen. Sich für etwas Neues öffnen zu müssen, kann aber auch Ängste und Befürchtungen auslösen. Besonders häufig erleben Menschen Angst, wenn sie gar nicht die Wahl haben, ob sich etwas verändern soll, sondern das Leben sie zwingt, sich einer neuen, unbekannten Situation zu stellen: Krankheiten, Älterwerden, Trennungen und Verluste gehören zu den menschlichen Erfahrungen, die viel Anspannung und Stress auslösen, weil wir diese Ereignisse nur sehr eingeschränkt kontrollieren können. Im schlimmsten Fall fühlen wir uns wie verstoßen und getrennt von unseren Liebsten und Freunden, nach denen wir uns doch gerade in solchen Zeiten des Umbruchs sehnen.

Vielen Menschen macht Neues und Unbekanntes Angst, weil sie in dem, was auf sie zukommt, instinktiv eine Gefahr vermuten. Diese Reaktion beruht auf einem archaischen Reaktionsmuster, das uns befähigt, innerhalb weniger Bruchteile von Sekunden Gefahren wahrzunehmen und abzuwehren. Stellen Sie sich beispielsweise folgende Situation vor: Sie haben ein Ferienhaus an einem schönen, einsamen Ort irgendwo in Südeuropa gemietet und befinden sich seit zwei Tagen im Urlaub. Sie verbringen den Nachmittag am Strand und kehren erst am Abend zurück zum Haus. Gerade als Sie es betreten wollen, entdecken Sie im Dämmerlicht etwas, das Ihnen sofort einen riesigen Schrecken einjagt. Es ist etwa einen Meter fünfzig lang und schlängelt sich über den Boden. Instinktiv spannt sich Ihr ganzer Körper an, die Pupillen weiten sich, das Herz fängt an zu rasen. Eine Schlange! Blitzschnell sind Sie darauf eingestellt, sich in Sicherheit zu bringen – davonzurennen oder das giftige Tier zu erlegen. Diese Reaktion läuft schneller ab, als man denken kann. Sie ist ein Automatismus, der sich im Laufe der Evolution als echter Überlebensvorteil entwickelt hat. Selbst wenn sich am Ende herausstellt, dass es gar keine Schlange war, sondern ein harmloser Schlauch, fühlt man doch noch Minuten später die Anspannung im ganzen Körper! Interessanterweise wird die Kampf-oder-Flucht-Reaktion schon dadurch ausgelöst, dass man glaubt, in Gefahr zu sein. Bereits der Gedanke an eine mögliche Gefahr kann eine Stressreaktion hervorrufen. Man wird blitzschnell in einen Zustand versetzt, der es erlaubt, sofort gegen einen vermeintlichen Angreifer zu kämpfen oder vor ihm zu fliehen. Die Flucht kann auch die Form eines Rückzugs nach innen annehmen, bei dem man erstarrt und so tut, als sei man unsichtbar.

EMOTIONALE REAKTIONEN AUF UNBEKANNTES

Passend zu den eben beschriebenen Reaktionswegen sind drei unterschiedliche Emotionen mit unserem neurologischen Gefahrenabwehrsystem verbunden:

→ **Wut**, um aggressiv kämpfen oder drohen zu können,

→ **Angst**, um flüchten zu können oder von vornherein einen Bogen um eine vermeintliche Gefahr zu machen,

→ **Schreck**, der eine gewisse Erstarrung auslöst.
  Wenn wir vor einer Veränderung stehen, die uns ins Unbekannte führt, können uns ganz ähnliche Gefühle überkommen:

→ Man wird reizbar und reagiert schon auf Kleinigkeiten, die einem in die Quere kommen, aggressiv.

→ Oder man kann sich schlecht konzentrieren und flüchtet sich immer wieder in Ablenkungen, statt notwendige Schritte einzuleiten, um die anstehenden Veränderungen aktiv zu gestalten.

→ Nicht wenige Menschen fühlen sich wie gelähmt und antriebslos, obwohl es eigentlich sehr viele Dinge gäbe, die gerade jetzt ihre Aufmerksamkeit bräuchten.

In allen drei Fällen kann sich das Gefühl ausbreiten, einfach keinen Anfang zu finden, oder man sieht sich nicht in der Lage, die anstehenden Dinge in die Wege zu leiten. Stattdessen werden diese lieber auf die lange Bank geschoben, und man kreist sorgenvoll um Gedanken wie: Was wird aus mir, wenn ich mich darauf einlasse? Kriege ich das hin? Bin ich noch sicher, wenn ich dort hingehe? Werde ich glücklich sein oder unglücklich? Werde ich einsam sein, wenn ich mein vertrautes Leben hinter mir lasse und etwas Neues beginne? Werde ich meine Entscheidung später notfalls noch rückgängig machen können?

VIELLEICHT MUSS MAN SICH EINFACH NUR GENÜGEND ANSTRENGEN?

Die Gedanken drehen sich im Kopf, und es sind echte Stressgedanken. Sie befeuern den inneren Alarm und bewirken, dass wir angespannt, unkonzentriert und nervös sind. Um diesen unangenehmen Zustand so schnell wie möglich loszuwerden, reagieren manche Menschen mit vermehrten Anstrengungen und Aktivitäten. Damit soll die neue Situation so schnell und effizient wie möglich wieder unter Kontrolle gebracht und bewältigt werden. Das hört sich zunächst gut an, doch letztendlich wird man noch angespannter, um die selbst gesteckten ehrgeizigen Ziele kurzfristig zu erreichen.

Die Überzeugung, dass vermehrte Anstrengung nicht falsch sein kann, gaukelt uns vor, dass sich jede Situation bewältigen lässt, wenn man sich nur stark genug einsetzt. Aber ist das wirklich unsere Lebenserfahrung – oder ist es das unzählige Male abgespulte Märchen einer aus den Fugen geratenen Leistungskultur? Ich bin der Ansicht, dass es zumindest eine Halbwahrheit ist. Herausfordernde Situationen lassen sich bewältigen, und manchmal braucht es tatsächlich eine gewisse Entschlossenheit und Tatkraft – aber vor allem können wir sie meistern, wenn weitere Qualitäten uns leiten: Güte, Integrität, Ruhe, Mut und ein Bewusstsein dafür, was uns wichtig ist. Und es kommt auf die Haltung an, die wir uns selbst gegenüber einnehmen.

WIE WIR ZU UNS SELBST STEHEN

Wie wir eine Umbruchsituation erleben, hängt davon ab, mit welcher inneren Haltung wir den immer wieder auftretenden Veränderungen im Leben begegnen. Unsere Haltung drückt aus, wie wir uns zu den Geschehnissen positionieren. Die Haltung, die ich einnehme, prägt meine Beziehung zu dem anderen oder dem Ereignis. Wenn jemand beispielsweise eine freundliche Haltung gegenüber Tieren hat, wird er einen grundsätzlich wohlwollenden und respektvollen Umgang mit ihnen kultivieren und dabei auch eine freundliche Haltung ausstrahlen. Wer Tieren gegenüber eher eine ablehnende oder neutrale Haltung einnimmt, wird sich vermutlich keine besonderen Gedanken um ihr Wohlergehen machen und ihnen auch keine Aufmerksamkeit schenken. Mit einer materialistisch geprägten Haltung wird man vor allem an einer leistungsorientierten Beziehung mit sogenannten Nutztieren interessiert sein: Ich versorge dich, damit du mir Gewinn bringst.

SELBSTFÜRSORGE STATT SELBSTOPTIMIERUNG

Leider ist es in unserem Kulturkreis für viele Menschen recht schwierig, eine wohlwollende Haltung gegenüber sich selbst zu kultivieren. In dieser Hinsicht gibt es auch wenige Vorbilder, an denen wir uns orientieren können. Stattdessen schwirren viele Regeln und eher anspruchsvolle Ideen durch unsere Köpfe. Täglich wird uns in Bildern und Filmen vermittelt, wie attraktiv es ist, wenn man sehr schlank, sportlich, erfolgreich und gut gelaunt ist. Die Botschaft: Das ist es, was dich beliebt macht. Sie prägt ein Idealbild und damit einen nahezu brutalen Anspruch an uns selbst. Vielen Menschen wurde ohnehin schon früh ein Weltbild vermittelt, in dem Bestleistungen und Konkurrenzdenken einen hohen Stellenwert haben. Wenn wichtige Bezugspersonen eine Haltung verkörpern, die von diesen Werten dominiert wird, dann lernt ein Kind vor allem eins: Durch meine Erfolge kann ich mir Zuneigung verdienen und sie steigern. Bei Misserfolgen wird es dagegen ungemütlich.

Gnädig mit sich werden

*Julia war immer sehr ehrgeizig gewesen, was ihre Leistungen betraf.
In der Schule hatte sie zu den Besten ihres Jahrgangs gehört und danach
mühelos ihr Medizinstudium absolviert. Als Ärztin stand ihr nun eine
glänzende Karriere bevor. Endlich würde sie aus ihrem Elternhaus
ausziehen und den Job in einem Krankenhaus etwa 500 Kilometer
entfernt antreten. Doch schon wenige Tage, nachdem sie den Arbeits-
vertrag unterzeichnet hatte, überkam sie ein heftiges Angstgefühl, das
sich vorübergehend bis zur Panik steigerte. Noch nie hatte Julia so weit
entfernt von ihrer Familie und ihrer vertrauten Umgebung gewohnt.
Was würde jetzt auf sie zukommen? Ein wahrer Sturm an Gedanken
und Gefühlen brach los. Am schlimmsten aber waren die heftigen
Selbstvorwürfe, die sie sich wegen ihrer »lächerlichen Angst« machte.
Sie schämte sich deswegen und mochte mit niemandem darüber reden.
Zum Glück bemerkte die beste Freundin ihre Not und sprach sie feinfühlig
darauf an. Nach einigem Zögern schüttete die junge Ärztin ihr Herz aus.
Die Freundin hörte ihr ruhig und liebevoll zu und schenkte Julia ihre
ganze Aufmerksamkeit. Julia merkte, wie wohltuend es war, einfach nur
mit ihrer Angst vor dem Job im Krankenhaus und dem Umzug in die
neue Stadt verstanden zu werden. Durch diese Erfahrung konnte sie auch
mit sich selbst etwas gnädiger werden.*

Spätestens in der Grundschule, wenn es darum geht, auf welche
weiterführende Schule ein Kind kommt, verfestigt sich bei vielen
jungen Menschen eine leistungsorientierte Haltung gegenüber sich
selbst: Wenn ich etwas schaffe, bin ich okay. Aber ich hasse mich, wenn
ich versage. Leider kann sich diese Einstellung in der Jugendzeit noch
verstärken und wird chronisch. Bei den späteren Erwachsenen bleibt

diese Haltung gegenüber sich selbst bestehen: Solange wir etwas zustande bekommen, geht es uns einigermaßen gut. Nur leider ist niemand immer erfolgreich. Stellen sich Rückschläge ein, Misserfolge, Verunsicherungen, Verluste oder andere Phasen, in denen sich viel verändert und wir nicht mehr dem eigenen Idealbild entsprechen oder nacheifern können, dann wird es schnell wieder unbehaglich in unserem Inneren. Den meisten Menschen ist dieser Vorgang allerdings gar nicht unbedingt bewusst. Denn es scheint so »normal« zu sein, sich zu beschimpfen, sich anzutreiben, zu kritisieren, zu bemitleiden oder sich mit Selbstvorwürfen das Leben schwer zu machen. Dabei wäre es gerade in Zeiten der Umbrüche und Veränderungen so notwendig, durch eine selbstloyale und fürsorgliche innere Haltung seine geistig-emotionalen Ressourcen zu stabilisieren und zu erneuern. Ein mitfühlender Mensch reagiert auf schmerzvolle oder beängstigende Erfahrungen nicht mit Negativität und innerer Selbstkritik, sondern findet Wege, sich trösten und helfen zu lassen und sich entsprechend auch gegenüber anderen zu verhalten, wenn die Situation dies erfordert. Manche Menschen sind sehr ehrgeizig und viel zu streng mit sich selbst, weil sie hoffen, auf diese Weise ihre Angst kontrollieren zu können. Das Gegenteil tritt jedoch ein: Wer seine sozialen Kontakte vor allem über Leistungen erlangt und aufrechthält, ist umso anfälliger für Angstzustände, denn Leistungen können auch mal ausbleiben. Menschen brauchen auch Beziehungen, die von Liebe und Zuneigung getragen werden. Dadurch entstehen im Miteinander Orte zum Ausruhen und Sein. Angst beruhigt sich vor allem da, wo wir uns sicher und zugehörig fühlen.

SELBSTMITGEFÜHL LÄSST SICH LERNEN

In der buddhistischen Geistesschulung ist es eine der wichtigsten Übungen, eine Haltung zu entwickeln, die von grundlegend gutem Willen und Mitgefühl gegenüber sich selbst und anderen bestimmt ist. Ist das wirklich möglich? Es geht, doch es braucht auch kontinuierliche

Ein wichtiger Unterschied

Selbstmitgefühl ist etwas anderes als Selbstmitleid, das eher ein wehleidiges Gefühl ist. Es ist zwar verständlich, wenn man sich gelegentlich ein wenig leidtut, etwa weil man überraschend auf etwas verzichten muss, worauf man sich schon länger gefreut hatte. Doch auf die Dauer ist Selbstmitleid wenig konstruktiv, denn es nährt die Überzeugung, dass die Welt ein ungerechter Ort ist und wir nichts daran ändern können. Durch diese Brille sieht man alles negativ. Demgegenüber fördert Selbstmitgefühl ein positives inneres Klima, das es uns ermöglicht, Geduld und Vertrauen zu entwickeln. Gerade in schwierigen Zeiten oder wenn größere Veränderungen anstehen, sorgt die Haltung des Selbstmitgefühls dafür, dass wir uns nicht überfordern oder vernachlässigen.

Manchmal wird Selbstmitgefühl auch verwechselt mit Selbstsucht oder Eigenliebe. Doch auch hier besteht ein großer Unterschied. Selbstsucht und Eigenliebe basieren auf einem stark ichbezogenen Denken und stellen in geradezu rücksichtsloser Weise die eigenen Interessen in den Mittelpunkt. Selbstmitgefühl dagegen lässt sich eher daran erkennen, dass man eine grundlegend friedliche und fürsorgliche Haltung gegenüber sich selbst kultiviert, ohne dass andere dabei außer Acht gelassen werden. Mitgefühl steuert unser Verhalten dahin, dass wir unsere eigenen Interessen und Bedürfnisse ebenso ernst nehmen wie die der anderen. Auch Umbrüche, Erschütterungen oder andere drohende Schwierigkeiten führen dann nicht dazu, dass man sich selbst vernachlässigt.

Übung. Man beginnt bei sich selbst und entwickelt ein Fundament, indem man lernt, auf seine Bedürfnisse (siehe ab Seite 128) zu achten und auf eine entspannte Weise gut für sich zu sorgen. Darauf aufbauend erwächst auf ganz natürlichem Weg auch eine respektvolle und mitfühlende Haltung gegenüber anderen.

SICH SELBST EIN GUTER FREUND SEIN

Manche meiner Klienten stellen überrascht fest: »Oh, ich habe nicht gewusst, dass ich auch einfach gut mit mir umgehen kann. Wenn ich in Schwierigkeiten bin und noch nicht weiß, wie ich damit umgehen soll, brauche ich mich nicht auch noch zusätzlich selbst fertigzumachen!« Das stimmt: Wir haben die Möglichkeit, mit solchen Situationen auch anders umzugehen. Charly Chaplin schrieb anlässlich seines 70. Geburtstages: »Als ich mich wirklich selbst zu lieben begann, habe ich mich von allem befreit, was nicht gesund für mich war, von Speisen, Menschen, Dingen, Situationen und von allem, das mich immer wieder hinunterzog, weg von mir selbst.« Für manche Menschen ist es, als ob eine Zentnerlast von ihren Schultern fällt, wenn sie entdecken, dass man freundlich und fürsorglich mit sich umgehen kann.

Niemand muss sich selbst ausschimpfen oder sich selbst bestrafen, wenn etwas schiefgelaufen ist. Das Schimpfen und Mäkeln ist meistens eine altbekannte Angewohnheit, mit der wir reagieren, wenn etwas nicht so läuft wie erwartet. Man könnte jedoch auch freundlich mit sich umgehen: sich akzeptieren, so, wie man ist – mit allen Hoffnungen, Sorgen und Emotionen. Im Frieden zu sein bedeutet ja nicht, dass man alles, was geschieht, richtig findet oder es einem egal ist. Man hört nur auf, denjenigen, der gerade durch eine Umbruchphase geht und vielleicht eine schwierige Zeit durchsteht – also sich selbst! –, auch noch zusätzlich das Leben schwer zu machen. Ein freundschaftlicher Umgang mit Ihnen selbst entlastet Sie nicht nur, sondern Sie bekommen auch mehr inneren Spielraum, um sich mit den Themen, die mit dem Wandel verbunden sind, auseinanderzusetzen.

EINEN INNEREN FRIEDENSVERTRAG SCHLIESSEN

Was also können wir tun, um eine positive Beziehung zu der eigenen Person zu entwickeln? Wir können uns dafür entscheiden, dass wir ab sofort aufhören, uns selbst auszuschimpfen, unter Druck zu setzen oder sogar für irgendetwas zu hassen.

FALLGESCHICHTE

Guter Freund in Not

Zwei Jahre hatte Thomas mit einer Frau, die er sehr liebte, zusammen-
gelebt, als diese ihm eröffnete, dass sie sich trennen wolle. Sie konnte sich
einfach keine gemeinsame Zukunft vorstellen und hatte sich nach einigem
Hin und Her entschieden, die Beziehung zu beenden. Auch wenn dieser
Schritt nicht völlig überraschend kam, war Thomas fassungslos über die
Entschiedenheit seiner Freundin. Er brauchte Monate, um durch diese
Krise, die ihn stark an sich zweifeln ließ, zu gehen.
Heute sagt er: »Besonders hat es mir in dieser Zeit geholfen, dass meine
Schwester und mein bester Freund mir so warmherzig zur Seite standen.
Nie habe ich Schuldzuweisungen irgendeiner Art über das, was passiert
war, gespürt. Die beiden waren einfach nur mit ihrer ganzen Liebe und
Freundschaft da. Das hat mich unendlich getröstet. So konnte ich die
Entscheidung meiner Freundin irgendwann akzeptieren und auch wieder
neues Selbstvertrauen entwickeln.«

Der erste Schritt dahin ist, den Krieg gegen uns selbst zu beenden und
stattdessen einen inneren Friedensvertrag zu schließen. Es ist die
Entscheidung für einen respektvollen Umgang mit der eigenen Person.
Mehr noch: Man beginnt, sich in jeder Hinsicht um sein Wohlergehen
zu kümmern. Diese Einstellung kann bewusst, gefühlvoll und ohne
Übertreibung kultiviert werden. Eine solche Beziehung zu unserer
eigenen Person trägt uns auch durch die schwierigen Phasen in
Veränderungsprozessen, in denen wir uns neu sortieren und neu
finden müssen.
Um leichter in eine selbstmitfühlende Haltung zu kommen, können Sie
sich vor Augen führen, wie gute Freunde in einer schwierigen Situation
mit Ihnen umgehen würden (siehe auch Fallgeschichte). Sich selbst mit

den Augen eines Freundes oder eines anderen wohlwollenden Menschen zu betrachten, hilft dabei, sich zu akzeptieren, so wie man im Moment nun mal ist. Und auch die folgende Meditation unterstützt Sie bei diesem Perspektivwechsel. Machen Sie diese Übung möglichst jeden Tag, dann werden Sie Selbstmitgefühl und eine freundliche, entspannte Haltung sich selbst gegenüber mit der Zeit als etwas ganz Normales empfinden.

MEDITATION
Freundschaft mit sich selbst

Mit dieser einfachen Visualisierungsübung können Sie eine freundschaftliche Haltung sich selbst gegenüber entwickeln.

- Setzen Sie sich in eine aufrechte Haltung und lassen Sie den Bauch weich nach vorne fallen. Richten Sie Ihre Aufmerksamkeit dann auf die Ein- und Ausatmung, bis Ihr Geist ein wenig zur Ruhe kommt.

- Denken Sie nun an Ihren besten Freund oder eine andere Person, die Sie mag und akzeptiert, wie Sie sind. Vielleicht Ihre Großmutter? Es kann auch eine symbolische Figur sein, wie beispielsweise die Heilige Maria oder Quan Yin, der Bodhisattva des Mitgefühls, eine Weise Frau oder ein Fabelwesen.

- Lassen Sie das Bild dieser wohlwollenden Person immer deutlicher werden, bis Sie es klar vor Ihrem inneren Auge sehen. Dann stellen Sie sich vor, dass sie Sie mit echter Wertschätzung und Zuneigung anschaut und lächelt.

- Sie fühlen sich zutiefst beruhigt und lächeln zurück. Sie öffnen sich für die Liebe und Freundschaft, die Ihnen entgegengebracht werden, und nehmen diese in sich auf.

INNERE RUHE
UND SAMMLUNG

Der thailändische Meditationsmeister Ajahn Chah war ein berühmter
Lehrer und bekannt dafür, dass er viele seiner Anweisungen zur
Geistesschulung mit prägnanten Bildern verdeutlichte. Um zu erklären,
was einen ruhigen und konzentrierten Geist inmitten einer sich stets
verändernden Welt ausmacht, zeichnete er das Bild von einem stillen
Waldsee: »Sei achtsam und lass die Dinge ihren natürlichen Lauf
nehmen – dann wird dein Geist in jeder Umgebung still sein. Er wird
still sein wie ein klarer Waldsee ... Du wirst sehen, wie viele wunderbare und auch merkwürdige Dinge kommen und gehen ... Aber du
bleibst dabei innerlich still.«
Diese Geistes- und Herzensruhe wünschen wir uns natürlich – gerade
wenn Veränderungen auf uns zukommen, die zunächst bedrohlich
aussehen oder so aufregend sind, dass wir keine Minute mehr still
sitzen können. Und erst recht, wenn ein Umbruch bereits in vollem
Gange ist und gerade alles durcheinanderbringt.

ABSTAND FINDEN

Innerlich still zu sein wie ein klarer Waldsee ist natürlich der Königs-
weg. Doch bevor wir uns diesem zuwenden, sollten wir uns die Frage
erlauben, welche Möglichkeiten es gibt, sich jetzt sofort von der Unruhe
und Zerfahrenheit, die Umbrüche nun einmal auslösen können, zu
entlasten. Erinnern Sie sich, was Ihnen in der Vergangenheit geholfen
hat, als Sie durch andere Lebensveränderungen gegangen sind und sich
nach Ruhe und Entlastung gesehnt haben? Vielleicht Sport, Musik, ein
Spaziergang am Meer oder ein Tag in der Natur? Die folgende Übung
hilft Ihnen dabei, Ihre persönlichen Ruhequellen zu finden.

ÜBUNG

Was tut mir gut?

Die folgenden Fragen sollen Ihnen als Anregung dienen, um zu überlegen und sich zu erinnern, was Ihnen guttun könnte, wenn die Anspannung spürbar wächst und die inneren Spielräume immer kleiner werden.

- Legen Sie zunächst Notizbuch und Stift bereit, damit Sie alles, was Ihnen einfällt, aufschreiben können.

- Überlegen Sie in Ruhe: Wenn es Ihnen nicht so gut geht oder Sie angestrengt sind – zu wem oder wohin gehen Sie dann am liebsten? Gibt es einen Menschen, ein Haustier oder einen bestimmten Ort, wo Sie sich wohlfühlen und sich beruhigen können? Was finden Sie dort?

- Gibt es eine bestimmte Aktivität, bei der Sie sich beruhigen und regenerieren können (Laufen, Sauna, Gartenarbeit ...)?

- Woran erkennen Sie, dass Sie sich erholt haben?

- Gibt es ein Motto, ein Bild oder eine bestimmte Überzeugung, die Ihnen helfen, positiv gestimmt zu sein?

Eine oft übersehene Ressource ist es, ausreichend Pausen zu machen und dem Geist so die Chance zu geben, sich mit etwas ganz anderem zu beschäftigen als den gerade anstehenden Aufgaben und Herausforderungen. Sicherlich haben auch Sie schon die Erfahrung gemacht, dass man sich nach einer Pause, in der man sich an der frischen Luft bewegt hat, geistig und körperlich erholt fühlt. Durch die körperliche Aktivität haben sich Stresssymptome abgebaut, und es fällt nun wieder viel leichter, sich erneut zu konzentrieren.

Außerdem sorgt ein bewusster Ortswechsel während der Pause für einen weiteren wichtigen Effekt: Man findet auch innerlich Abstand zu den vielen Gedanken und Themen, die einen so intensiv beschäftigen. Für unsere innere Ruhe und Gelassenheit hat es große Bedeutung, regelmäßig eine gewisse Distanz zu einer Sache zu finden. Denn sobald man anfängt zu grübeln und sich Sorgen zu machen, verliert man allzu schnell diesen Abstand, und es ist, als ob sich innerlich vieles verengt und verdichtet. Man wird zusehends unruhig, und die korrekte Wahrnehmung der Situation kann sich verzerren. In diesem Zustand wird es schließlich immer schwieriger, die Lage richtig einzuschätzen und angemessen zu reagieren. Daher ist es sinnvoll, für gelegentliche Unterbrechungen zu sorgen, um sich von entfernter Warte aus einen neuen Überblick zu verschaffen. Sobald sich der Geist beruhigt, lässt sich auch wieder besser fühlen, ob man im Umgang mit den zu bewältigenden Aufgaben innerhalb des Veränderungsprozesses noch das richtige Augenmaß hat.

VERTRAUEN STÄRKEN

Wenn ein Berg ins Rollen kommt und wir nicht wissen, was uns erwartet, macht das Angst. »Was wird aus mir und meiner Familie, wenn … passiert?« Wir geraten unter spürbare, oft quälende Anspannung, sobald wir uns in einem wichtigen Lebensbereich aus den Angeln gehoben fühlen: Stehen der Arbeitsplatz oder die Wohnung plötzlich in Frage, die Partnerschaft oder die Gesundheit, dann sind existenzielle Themen berührt. In diesen Lebensbereichen ist ein wichtiger Teil unseres Vertrauens verankert. Solange alles in überschaubaren Bahnen ist, fühlen wir uns einigermaßen sicher. Kommt das Lebensgefüge allerdings durch die anstehenden Veränderungen so durcheinander, dass es schwer zu beeinflussen oder zu kontrollieren ist, fühlen wir uns erschüttert und ähnlich entwurzelt wie eine Pflanze, die man aus dem Boden gehoben, aber noch nicht wieder eingepflanzt hat.

»Am liebsten«, sagte einmal ein Klient zu mir, »würde ich darauf vertrauen können, dass wir es schaffen und sich alles findet. Aber sobald ich mir das sage, denke ich sofort: Und was ist, wenn alles schiefgeht?« Er war so gefangen in seinen Befürchtungen, dass er kaum noch etwas anderes empfinden oder sich vorstellen konnte. Wir haben dann mit zwei unterschiedlichen Methoden gearbeitet, um sein Vertrauen zu stärken (siehe Seite 43–44).

ÜBUNG

Entlasten Sie sich selbst

Oft haben wir starke Widerstände gegen eine Veränderung, weil wir die damit verbundene Angst als Bedrohung empfinden und ständig mit diesem Gefühl hadern. Dadurch erscheint es uns noch größer, als es eigentlich ist. Versuchen Sie einmal etwas völlig anderes:

- Öffnen Sie sich behutsam für den ganzen nervigen Zustand, den Sie gerade erleben, und hören Sie auf, gegen ihn anzukämpfen.

- Nehmen Sie ihn nur wahr, aber bewerten oder kommentieren Sie ihn nicht.

- Spüren Sie den Atem und atmen Sie trotz der Angst behutsam ein. Akzeptieren Sie dieses Gefühl, ohne es abzulehnen oder zu beurteilen.

- Atmen Sie aus und stellen Sie sich vor, aus einer Tiefe heraus zu antworten, die größer ist als die Angst.

- Stellen Sie sich bei der Ausatmung vor, mit Vertrauen und Gelassenheit auf Ihre Situation zu antworten. Bleiben Sie offen und entspannen Sie sich während der Übung, so gut es geht.

DEN BLICK VON DER ANSPANNUNG WENDEN

Es ging einerseits darum, einen ressourcenorientierten Perspektivwechsel zu entwickeln, der es ihm ermöglichte, trotz der vielen Sorgen und Befürchtungen wieder innere Spielräume zu finden, sodass er sich nicht mehr länger als Opfer der Umstände und seiner Ängste erlebte. Dazu bekam er zunächst die Aufgabe, ab jetzt weniger darauf zu achten, wann er sich besonders angespannt fühlte, sondern bewusst seine Aufmerksamkeit darauf zu lenken, wann sich die Anspannung etwas abmilderte oder sich ganz legte. Was waren die Rahmenbedingungen, die dies begünstigten? Diese Momente sollte er bewusst registrieren und in einem Tagebuch festhalten. Es ist erstaunlich, wie viele solche Augenblicke es neben aller Anspannung, die er bewältigen musste, auch gab. Das veränderte seine Perspektive auf die vielen Sorgen und Befürchtungen, die ihn zwar oft, aber eben nicht immer verunsicherten. Es gab also noch Spielraum, den er vielleicht ausbauen konnte. Im Laufe weniger Wochen wurde dem Mann immer klarer, dass er sich mitten in dem großen Veränderungsprozess, in dem er sich befand, Inseln der Entlastung schaffen konnte, indem er bewusst darauf achtete, welche Menschen und welche Umgebung beruhigend auf ihn wirkten und ihn zuversichtlich stimmten.

ZEICHEN VON VERTRAUEN ERKENNEN

Gleichzeitig ging es für den Klienten darum, sein Vertrauen direkt zu stärken. Dazu erhielt er die Aufgabe zu beobachten, wie sich Vertrauen eigentlich anfühlt. Ich fragte ihn: »Woran erkennst du es, wenn sich Vertrauen in dir bemerkbar macht?« Trotz all der Schwierigkeiten, in denen er steckte, war dieser Klient bewundernswert aufgeschlossen und interessiert an solchen Fragen. Er nahm sie aus unseren Treffen mit und fing sofort an, damit zu arbeiten. Zum nächsten Termin kam er mit einer Liste, und wir besprachen seine Beobachtungen. Den inneren Zustand von Vertrauen erkannte er beispielsweise daran, dass sein Lächeln entspannt war und nicht so schief wie in angespannten, angstvollen Zeiten. Sein Bauch konnte sich entspannen, und er konnte tief Luft holen, wenn er es brauchte. Auch beobachtete er, dass er seiner eigenen Wahrnehmung besser vertrauen konnte und Situationen realistischer einschätzte. Wenn er Zugang zu seinem Vertrauen hatte, war er insgesamt ruhiger, gelassener und zuversichtlicher und traute sich mehr zu. In seinen Gedanken malte er sich dann eher aus, dass die Dinge sich positiv entwickeln würden, und nicht, was und wie alles schiefgehen könnte. Seine konstruktiven Gedanken wurden also verstärkt, während er seltener mit pessimistischen Angstfantasien zu tun hatte. Schließlich entdeckte er, dass ihm an den Tagen, an denen er gut in seinem Vertrauen ruhte, auch andere mehr Vertrauen entgegenbrachten. Die Erfahrung, dass er Vertrauen ausstrahlen konnte, beglückte ihn regelrecht, da er bis zu diesem Zeitpunkt immer auf der Suche nach Vertrauen gewesen war und gar nicht in Erwägung gezogen hatte, dass er auch etwas geben könnte.

AUFMERKSAMKEIT BÜNDELN

Geistige Ruhe entsteht aus einem friedlichen, gesammelten Geist. »Gesammelt« ist ein anderer Ausdruck für »konzentriert«. Manche Menschen tun sich mit dem Begriff Konzentration allerdings schwer, weil sie davon ausgehen, dass Konzentration immer schwierig ist, keinen Spaß macht und nur mit strenger Disziplin erreicht werden kann. So verstanden hat Konzentration eine Qualität, die an Gewalt erinnert. Der oft gehörte Anraunzer: »Jetzt konzentrier dich mal!« klingt da häufig unangenehm mit. Doch rechte Konzentration entwickelt man nur ohne Gewalt. Es geht um die Fokussierung unserer Aufmerksamkeit, in der sich der Geist sammelt und die Gedanken und Emotionen nicht mehr länger wie eine Horde aufgeschreckter Affen durch die Bäume jagen, wenn Veränderungen und Umbrüche in unser Leben kommen. Wie sagte Ajahn Chah: »Sei achtsam, dann wird dein Geist in jeder Umgebung still wie ein klarer Waldsee.«

Geistige Sammlung und Ruhe lassen sich jederzeit üben. Dazu brauchen Sie weder einen besonderen Ort noch eine teure Ausrüstung. Andererseits braucht man ein fast schon leidenschaftliches Interesse an dem Thema. Es kann durch keine Form von Disziplin ersetzt werden. Echtes Interesse birgt wesentlich mehr Energie als Disziplin, um eine Sache zu lernen und zu üben. Doch wie geht man konkret vor?

→ **Auf ein Objekt meditieren:** In einem ersten Schritt suchen Sie sich ein Objekt, auf das Sie Ihre Aufmerksamkeit fokussieren möchten. Wählen Sie einen Gegenstand, der eine gewisse Schönheit ausstrahlt, etwa eine Blüte, einen Halbedelstein, den Sie in der Hand halten können, oder ein Foto von einer Landschaft, die Sie beruhigend finden. Da es gerade in turbulenten Zeiten schwierig ist, seinen Blick überhaupt auf ein Objekt zu lenken – zu sehr verfangen ist man in Gedanken, Planungsfantasien und emotionsgeladener Nervosität –, sollte das Meditationsobjekt eine angenehme, inspirierende Anziehungskraft besitzen. Dann gelingt es leichter, die Aufmerksamkeit von den verknäulten Gedankenketten und inneren Szenarien abzuziehen und dann zum Meditationsobjekt hinzulenken. Im Idealfall steuert der Geist das Objekt an wie eine Biene, die zur Blüte fliegt.

→ **Regelmäßig üben:** Meditation hat eine heilsame Wirkung, auch oder gerade in Umbruchzeiten und bei Veränderungsprozessen: Wenn Sie meditieren, erreichen Sie ein hohes Maß an Ruhe und Klarheit, werden insgesamt belastbarer (resilienter) und kommen nach Rückschlägen schneller wieder auf die Beine. Allerdings nur, wenn Sie auch regelmäßig üben. Am besten beginnen Sie mit 2 × 10 Minuten täglich und erhöhen langsam die Frequenz: Gerade am Anfang ist es vorteilhafter, häufiger zu meditieren, als die Meditationszeit auszudehnen. Steigern Sie also zunächst lieber auf 3 × 10 als auf 2 × 15 Minuten. Sobald Sie etwas geübter sind, können Sie dies wieder verändern. Ein gutes Maß ist es dann, täglich 20 bis 30 Minuten ungestört zu meditieren.
Mit den beiden folgenden Meditationsübungen können Sie Ihr Grundvertrauen, Ihre Konzentrationsfähigkeit und Ihre Resilienz stärken.

MEDITATION

Das Vertrauen stärken

Mit dieser Meditationsübung können Sie Ihr Vertrauen in sich selbst und in das Leben kultivieren.

- Nehmen Sie eine aufrechte Haltung ein und schließen Sie die Augen. Lenken Sie dann Ihre Aufmerksamkeit in den Körper. Spüren Sie die Basis, auf der Sie sitzen, und nehmen Sie den Boden unter sich bewusst wahr.

- Richten Sie dann die Aufmerksamkeit sanft in den unteren Bauch- und Beckenraum. Spüren Sie die Tiefen dieses Körperbereichs und lassen Sie den Bauch weich nach vorn fallen.

- Nehmen Sie auch den Atemfluss wahr und stellen Sie sich mit der nächsten Einatmung vor, dass die Lebensenergie, die im Atem liegt, bis in die innersten Bereiche Ihres Bauches und Beckenraums fließt.

- Die Lebensenergie stärkt Sie. Machen Sie sich empfänglich dafür: Lassen Sie sich durch den feinen Atem stärken und nähren.

- Das Ausströmen des Atems ist ein entspanntes Loslassen aus der Tiefe Ihres Bauch- und Beckenraums.

- Stellen Sie sich nun vor, dass mit der nächsten Einatmung ein Gefühl von Sicherheit und Ruhe im Beckenbereich entsteht. Es breitet sich auf wohltuende Weise dort aus. Gleichzeitig entspannen Sie den unteren Bauchraum und die Beckenbodenmuskulatur. Mit der Ausatmung stellen Sie sich vor, dass Vertrauen und Zuversicht entstehen: Einatmen – Sicherheit und Ruhe / Ausatmen – Vertrauen und Zuversicht.

- Überlassen Sie sich dem natürlichen Atemfluss und begleiten Sie die Ein- und Ausatmung noch eine Weile gedanklich mit den passenden Worten. Dann lassen Sie auch diese los und bleiben entspannt in Ihrem Körpergefühl, bis Sie schließlich die Augen wieder öffnen.

Ruhe und Klarheit fördern

Regelmäßig ausgeführt, hilft Ihnen diese Meditationsübung, sich immer wieder innerlich zu sammeln.

- Wählen Sie ein schönes, Sie inspirierendes Meditationsobjekt und nehmen Sie Ihre Meditationshaltung ein (siehe Seite 46). Machen Sie sich bewusst: »Jetzt wende ich mich ausschließlich meinem Meditationsobjekt zu.«

- Lassen Sie den Blick zunächst entspannt auf Ihrem Objekt ruhen, das vor Ihnen liegt oder in Ihrer Hand. Öffnen Sie sich für die Schönheit, die ihm innewohnt. Lassen Sie Ihr Herz berühren und den Blick weicher werden. Gleichzeitig fokussieren Sie immer klarer auf Ihre Verbindung mit dem Objekt. Allmählich stabilisiert sich dabei die Aufmerksamkeit, und der Geist kommt mühelos in einen konzentrierten Zustand. Achten Sie darauf, dass Ihr Blick weich bleibt.

- Spüren Sie bewusst Ihren Atemrhythmus: Atmen Sie achtsam (also mit klarer Aufmerksamkeit) ein und lassen Sie dabei den ganzen Körper zur Ruhe kommen. Bleiben Sie gesammelt und achtsam und lassen Sie bei der Ausatmung den ganzen Körper noch tiefer zur Ruhe kommen.

- Sobald der Geist achtsam und konzentriert ist, können Sie die Augen schließen und bleiben mit Ihrer Aufmerksamkeit im Atemfluss. Versuchen Sie, einige Minuten oder länger so zu sitzen. Ruhig, konzentriert und entspannt.

- Falls die Gedanken Sie zwischendurch ablenken, bringen Sie Ihre Aufmerksamkeit wieder zurück zum Atem, ohne eine große Sache aus der Ablenkung zu machen. Natürlich können Sie auch jederzeit wieder die Augen öffnen und auf Ihr Meditationsobjekt vor Ihnen zurückkommen, um sich neu zu fokussieren und sich zu beruhigen.

Wenn etwas zu Ende geht

*Etwas zu beenden und loszulassen ist eine Kunst
für sich. Denn der Abschied von etwas Vertrautem
kann verunsichern und widersprüchliche Emotionen
in uns auslösen. Die gilt es selbstmitfühlend
auszuhalten, damit notwendige Entscheidungen
reifen können. Und oft erkennt man: Das Loslassen
vollzieht sich harmonischer, wenn wir ihm Zeit geben
und uns dem Wandel nicht entgegenstellen.*

WARUM LOSLASSEN
SO SCHWER IST

Wandel und Vergänglichkeit liegen in der Natur der Dinge. Der Prozess des »Stirb und Werde« wiederholt sich unzählige Male im Laufe eines Lebens, ja sogar im Laufe einer Woche oder eines einzigen Tages.
Es sind die Wendepunkte, an denen wir – manchmal ohne viel darüber nachzudenken – etwas abschließen und loslassen, was durchlebt ist und zu Ende geht. Die damit verbundenen Veränderungen kommen gewollt oder ungewollt auf uns zu, mal überraschend schnell, mal fast schleppend. Vor manchen größeren Abschieden, Umbrüchen und Veränderungen möchten wir am liebsten davonlaufen, während wir in anderen Situationen das Ende geradezu herbeisehnen und auf Erneuerungen mit Erleichterung oder Freude reagieren. Doch selbst wenn uns ein Abschluss sehr willkommen ist, garantiert dies nicht, dass er auch leicht fällt. Denn Abschiede verlangen die Bereitschaft loszulassen.

EMOTIONALE SPANNUNGEN ENTSTEHEN

Bevor sich eine Lebenssituation aus dem stabilen Gleichgewicht herausbewegt und in die Abschlussphase mündet, entsteht oft eine emotionsgeladene Zeit, in der es vorübergehend zu erheblichen inneren Spannungen kommen kann. Sie treten vor allem in Situationen auf, in denen man zunächst alles auf Langfristigkeit angelegt hatte und dann eines Tages merkt: Ich werde unruhig. Es muss sich etwas verändern! So geht es nicht weiter!
Lassen Sie uns diesen Zustand etwas genauer anschauen. Was ist los? Nach einer Zeit der Beständigkeit entwickeln sich Zweifel und eine zunehmende Unzufriedenheit mit der bestehenden Konstellation.

Der Betroffene weiß zwar noch nicht, was sich genau ändern soll, aber das Unbehagen wird von Tag zu Tag deutlicher. Wo bisher kein ernsthafter Vorbehalt an der Gültigkeit der Dinge war, schaut man auf einmal mit kritischem Blick auf das eigene Leben und beginnt, konstante und vertraute Abläufe infrage zu stellen: Die satte Fülle (siehe dazu Kapitel 6 ab Seite 123) hat sich überlebt, und man verspürt den Drang nach erneuter Veränderung.

DIE VIER JAHRESZEITEN

Erntedank und Sturm im Herbst

Der Herbst ist eine Zeit intensiver Transformation. In der Natur leuchten die Farben mit letzter, feuriger Intensität, doch schon bald verblasst die Pracht, und die Blätter trudeln im Tanze zu Boden, wo sie seufzend liegen bleiben, bis sie selbst wieder zu Erde geworden sind. Die Farben der Leidenschaft weichen einer friedlichen Blässe, der die Kraft sichtbar entschwindet. An windstillen Tagen lassen sich die letzten ausgedörrten Blätter tonlos von den Bäumen fallen. Und wenn die Herbststürme kommen, werden auch die allerletzten Laubfetzen von den Ästen gerissen, denen sie einst als dichtes grünes Blätterkleid dienten.

Bevor es jedoch so weit ist, verkörpert der Herbst auch eine goldene Zeit der Reife und der Ernte. Spätestens jetzt bringen die letzten Büsche und Bäume ihre Früchte hervor und geben damit ganz nebenbei mit den Samen ihren Bauplan an die nächste Generation weiter. Auf diese Weise wird der sich ständig entfaltende Prozess des Lebens auch durch die sich anschließende karge, dunkle Winterzeit nicht vollständig unterbrochen.

Doch leider geht die Sache nicht immer so glatt und widerspruchsfrei. Denn eine Zeit lang sehnen wir uns nicht nur nach Veränderung, sondern halten gleichzeitig an dem Bestehenden fest, weil es so vertraut ist. Diese widersprüchlichen Kräfte erzeugen emotionale Turbulenzen und eine besondere Spannung, die sich nicht unbedingt gut anfühlt. Sie ist jedoch normal und gehört dazu. Lassen wir das Alte vorzeitig los, handeln wir verfrüht, die Idee der Veränderung ist noch nicht ganz ausgereift. Lassen wir uns aber entmutigen und brechen den Versuch ab, etwas zu verändern, fallen wir zurück in den alten Zustand – in dem wir aber auch nicht mehr zufrieden sind. Die innere Spannung müssen wir also eine Zeit lang aushalten, bis der Entschluss zum Handeln gereift ist und auf festem Boden steht.

Loslassen ist ein vielschichtiges Thema, das sich nicht nur aufwühlend, sondern auch befreiend auswirken kann. Auf persönlicher Ebene mögen uns dabei viele materielle und emotionale Fragen beschäftigen. Auf spiritueller Ebene wird auch unsere Identität berührt: Wer bin ich (wenn ich loslasse)? Was trägt mich (dann noch)? Menschen, die gerade durch eine Umbruchphase gehen, fühlen sich daher oft unsicher und verletzbar. Das ist zwar unangenehm, aber Sie können es auch als eine Chance sehen. Denn selten bietet sich die Gelegenheit für so viel Wachstum wie in Zeiten, in denen die Dinge ein wenig aus den Fugen geraten sind.

»Der Mensch will immer, dass alles anders wird, und gleichzeitig will er, dass alles beim Alten bleibt.«

PAULO COELHO | BRASILIANISCHER SCHRIFTSTELLER

ÄRGER KANN DIE LAGE VERGIFTEN …

Einige Menschen fühlen in dieser Situation wachsenden Ärger, drücken aber ihre Unzufriedenheit nur indirekt aus, indem sie sich zurückziehen und sich immer weniger engagieren. Lange geht das aber nicht gut, und es ist auch für alle Beteiligten schwierig, da es an Offenheit mangelt. Die schlechte Stimmung verbreitet sich, aber keiner weiß genau, was eigentlich los ist.

Andere machen ihrem Ärger Luft, doch auch das gelingt nicht immer in konstruktiver Weise. Nörgelei, Negativität und Lästereien vergiften den Umgang miteinander. »Dampf ablassen« klingt so harmlos, es heizt aber die Gerüchteküche an und löst kein einziges Problem. Auch dieses Verhalten ist also für alle Beteiligten eher unangenehm, und man sollte überlegen, ob es nicht auch Möglichkeiten gibt, seiner Unzufriedenheit und Unruhe auf konstruktive Weise Gehör zu verschaffen.

… ODER ZUM MOTOR FÜR VERÄNDERUNGEN WERDEN

Unzufriedenheit ist nicht immer schlecht. Ein Gefühl wie Ärger kann auch die Energie hervorbringen, endlich etwas zu verändern. Empörung ist manchmal notwendig, weil sie zu einem Motor für notwendige Abgrenzung und Selbstbehauptung sowie für wichtige persönliche oder gesellschaftliche Veränderungen werden kann. Wir müssen aber darauf achten, die Spannungen konstruktiv zu nutzen, um eine Angelegenheit aktiv zu einem Abschluss zu bringen oder etwas Neues zu gestalten. Sonst kann Ärger schnell in Rücksichtslosigkeit umschlagen und Schaden anrichten.

RAUS AUS DER OPFERROLLE

Manche gewünschte Veränderung will und will sich einfach nicht einstellen – auch das ist ein häufiger Grund für Ärger oder andere starke Emotionen. Dann ist es wahrscheinlich an der Zeit, aktiv eine Situation zu beenden, um etwas Neues beginnen zu können, und sich nicht länger als Opfer der Verhältnisse zu sehen.

Eine Abteilungsleiterin kam zu mir in die Beratung, weil sie wiederholt erlebt hatte, dass sie für eine Beförderung nicht berücksichtigt wurde, obwohl sie gute Arbeitsergebnisse vorweisen konnte und bereit war, den nächsten Karriereschritt zu machen. Sie sagte, es sei »wie verhext«, und fühlte sich betrogen.

Oft fehlt Wertschätzung für sich selbst

Gemeinsam haben wir erforscht, was sie selbst tun kann, um an dieser Situation etwas zu verändern. Ein wichtiges Thema in diesem Coaching war, inwieweit sie sich selbst die notwendige Wertschätzung und Anerkennung für ihre guten Arbeitsergebnisse entgegenzubringen vermochte und dies auch in angemessener Weise nach außen kommunizieren konnte. Wir entdeckten, dass sie innerlich sehr streng mit sich war und in Gedanken ihre Arbeit ständig bemäkelte. Diese unbewusste Selbstabwertung strahlte sie natürlich auch aus. Dadurch wirkte sie unsicher. In Meetings ließ sie regelmäßig anderen den Vortritt, bevor sie sich selbst zu Wort meldete, um dann trotz guter Vorbereitung ihr Anliegen stets etwas nervös vorzutragen. Kein Wunder, dass ihre Karriere ins Stocken geraten war.

Selbstvertrauen und Ausstrahlung gewinnen

Über mehrere Wochen und Monate haben wir daran gearbeitet, dass sie zunächst eine wertschätzende und konstruktive Haltung gegenüber sich selbst entwickelte. Als sie das Coaching begann, fühlte sie sich verzagt, wütend und übergangen. Allmählich aber begann sie, sich in einem helleren Licht zu sehen und ihre Kompetenz, die sie zweifellos hatte, auch auszustrahlen. In den folgenden Monaten wuchs ihr Selbstvertrauen beträchtlich. Es wurde ihr immer klarer, dass sie möglicherweise sogar das geistige Umfeld dieses Unternehmens verlassen musste, um sich weiterentwickeln zu können. Am Ende des darauffolgenden Jahres, als sie immer noch nicht befördert worden war, fand sie eine gut bezahlte Position in einer anderen Firma.

FESTHALTEN MACHT UNS UNFREI

»Könnte ich doch nur besser loslassen«, seufzt manch einer, wenn er merkt, dass er in einer persönlichen Veränderungssituation festsitzt und in dem Hin und Her nicht weiterkommt. Gut gesagt, aber was ist eigentlich mit »Loslassen« gemeint? Das Wort loslassen ist sinnverwandt mit Ausdrücken wie: entlassen, freilassen, laufen lassen, losgeben oder die Freiheit schenken. Loslassen bedeutet: nicht mehr festhalten. Denn solange man an etwas festhält, lässt man noch nicht los.

WIE UNSER ICH-GEFÜHL ENTSTEHT

Wir müssen also auf die Dynamik des Festhaltens schauen, um zu verstehen, was Loslassen bedeutet. Festhalten ist ein subtiler Prozess. Wir bemerken ihn meistens erst dann, wenn wir um das, woran wir festhalten, fürchten müssen oder es verlieren. Wenn wir etwas festhalten, dann haben wir davon Besitz ergriffen und wir identifizieren uns mit der Sache. Das kann beispielsweise »mein« Partner, »mein« Job oder »mein« Handy sein, aber auch »mein« körperlicher oder emotionaler Zustand, an dem ich festhalte.

Sich zu identifizieren ist zunächst einmal ganz normal. Wir machen jeden Tag unzählige Erfahrungen und verbinden uns ja ständig mit dem, was uns umgibt und was uns vertraut ist – und lassen es auch wieder los. Wenn wir häufiger die gleichen Erfahrungen machen, entsteht der Eindruck, dass wir uns wiedererkennen, weil sie zu einem vertrauten Aspekt unseres Ich-Gefühls geworden sind.

KÖNNEN WIR WIRKLICH AN ETWAS FESTHALTEN?

Doch auch unser Ich-Gefühl ist – so wie alles andere – unablässig im Wandel. Wir kommen in große Schwierigkeiten, wenn wir dennoch wie selbstverständlich davon ausgehen, einzelne Erfahrungen oder Konstellationen hätten Anspruch auf Dauerhaftigkeit. Hier kommt nun das Festhalten ins Spiel. Wir beharren darauf, dass etwas so bleibt, wie es ist, weil es »meins« ist. Es soll sich nicht verändern, nicht auflösen, nicht zu Ende sein. Die Probleme entstehen, sobald wir an den Dingen und Gedanken hängen bleiben. Es ist, als würde man sich verfangen und dann zugreifen und festhalten, wobei dieser Prozess sehr unauffällig und unterschwellig geschehen kann. Erst wenn man sich wieder lösen und loslassen muss, womit man sich identifiziert hat, spürt man, wie sehr man festhält und daran hängt.

Der Verlust kann uns ängstlich, wütend oder traurig machen oder sogar in Panik und Verwirrung bringen. Es ist deshalb nicht ganz leicht zu erkennen, dass es keinen Besitz gibt, der endgültig ist. Alles, was wir haben und sind, steht uns nur auf Zeit zur Verfügung. Das ist Wandel. »Man kauft sich ein neues Hemd und findet es Jahre später als Teil einer Patchwork-Decke wieder«, sagt Pema Chödrön auf ihre unvergleichliche Art, wenn sie buddhistische Unterweisungen gibt (siehe auch Bücher Seite 158).

Der Versuch, an etwas festzuhalten oder gar sich daran zu klammern, ist auch in Beziehungen mit anderen Menschen ein Problem. Es wird zum Gefängnis für alle Beteiligten. Denn Festhalten ist das Gegenteil von Freiheit. Paradoxerweise ist es aber gerade Freiheit, die es uns ermöglicht, eine tiefe Verbundenheit zu empfinden und mit anderen Menschen liebevolle, bindende Beziehungen einzugehen (siehe dazu Kasten auf Seite 57 oben).

SICH IMMER WIEDER NEU VERBINDEN

Das klare Bewusstsein für Vergänglichkeit erinnert daran, dass wir in Wahrheit an nichts festhalten können und uns nichts für immer gehört. Es gibt keine Garantie, dass morgen alles noch genauso ist wie heute. Gerade diese Tatsache macht den gegenwärtigen Moment so besonders wertvoll. Denn es ist überaus kostbar und befriedigend, sich in diesem Augenblick auf einen anderen Menschen, einen Ort oder eine Tätigkeit einzulassen, sein Herz zu öffnen und sich zu verbinden. Die Weisen raten uns allerdings, nicht dem Irrtum zu verfallen, der Moment hätte Anspruch auf Unvergänglichkeit.

In Liebe verbunden

Tragfähige persönliche Beziehungen sind lebendige Verbindungen, die sich entwickeln wollen. Dazu brauchen sie Respekt, Vertrauen und Spielräume. Mit Druck und Kontrolle funktionieren die meisten Beziehungen nicht gut. Wer kann schon entspannt leben, wenn der andere zu verstehen gibt, dass man gewissermaßen zu dessen Macht- und Eigentumsbereich gehört? Lassen wir einander die Freiheit, uns auch als Erwachsene stets weiterzuentwickeln, dann kann sich die Liebe mit jedem Jahr vertiefen, sodass eine wunderbare Verbundenheit entsteht. Damit bleiben unsere Beziehungen lebendig.

Die Kunst ist, sich ehrlich und mit Liebe von Moment zu Moment neu einzulassen, obwohl wir wissen, dass wir nichts festhalten können. Die Welt ist auf Sand gebaut. Wir müssen sie immer wieder neu erschaffen.

LOSLASSEN MIT GEFÜHL

Haben Sie nicht auch schon einmal gedacht, Sie würden eine bestimmte Angelegenheit am liebsten »einfach« loslassen? Kurzer Prozess? Rausschmiss? Sie würden sich mit dieser Herangehensweise unnötig verausgaben, weil Sie streng und diszipliniert mit sich und der Situation umgehen wollen. Meistens funktioniert diese Methode aber nicht besonders gut. Selbst wenn man sich mit einer gewissen aggressiven Wucht von etwas trennt und dabei entschlossen ist, es damit ein für alle Mal aus seinem Leben zu befördern, hängt man ihm anschließend doch noch gedanklich und emotional nach.

Menschen brauchen das Gefühl, getragen zu werden und sich orientieren zu können. Ohne diese Basis suchen wir uns immer wieder neue Dinge, an denen wir uns ersatzweise festhalten, damit sie uns wenigstens ein minimales Gefühl von Sicherheit geben. Wenn diese Verbindung überstürzt oder gewaltsam gelöst wird, macht dies aber nur noch mehr Angst. Deswegen ist das Loslassen so schwer. Wir befürchten, dass nichts von uns übrig bleibt, wenn wir nicht länger festhalten. Bereiten Sie einen Abschied also lieber klug vor und entwickeln Sie ihn Schritt für Schritt. Dies bedeutet, sich mit seiner Gefühlswelt auseinanderzusetzen und seine Werte und Bedürfnisse zu sortieren, bevor man handelt. Dann ist die Trennung weniger impulsiv, sondern geplant und dadurch auch kraftvoller.

Um eine Identifizierung sanft loszulassen und wieder aufzulösen, braucht man den Mut herauszufinden, wo genau man festhält. Denn dort ist auch unsere Angst verankert. Aus meiner Sicht wäre es ein grober Rat zu sagen: »Lass einfach los.« Denn oft sind mit dem Loslassen individuell bedeutsame psychologische Fragen verbunden. Solange sie nicht in einer Weise bearbeitet worden sind, dass wir zunehmend von Mut und Vertrauen getragen werden, besteht weiter der Wunsch, etwas festzuhalten – oder sich an etwas festzuhalten. Man kann sich nicht zwingen loszulassen. Loslassen geschieht von alleine, wenn man nicht mehr das Gefühl hat, festhalten zu müssen.

WEDER WEGWERFEN NOCH FALLEN LASSEN

Wirkliches Loslassen geschieht auf sehr friedliche Weise. Dies lässt sich an einem Bild verdeutlichen: Stellen Sie sich vor, Sie halten einen kleinen Vogel in Ihrer Hand. Den wollen Sie nun aber nicht mehr länger festhalten. Was machen Sie? Katapultieren Sie ihn einfach in die Luft? Oder lassen Sie ihn aus der Hand fallen? Mit Sicherheit nicht. Vermutlich würden Sie die geschlossene Hand zunächst nach oben drehen und dann die Finger vorsichtig öffnen. Sobald er kann, fliegt der kleine Vogel von alleine los, ohne dass es auch nur eine Spur von Gewalt dafür braucht. Probieren Sie diese Geste einmal selbst mit Ihrer Hand aus. Wie fühlt sie sich an? Loslassen bedeutet weder »wegwerfen« noch »fallen lassen«. Denn Loslassen hat sehr viel mit Freiheit zu tun.

Ein notwendiger Abschied

Julia lebte schon seit drei Jahren mit ihrem Partner zusammen, und sie hatten oft über ihre gemeinsame Zukunft geredet, welche Reisen sie zusammen machen wollten und welche beruflichen Pläne jeder von beiden hatte … Als Julia irgendwann vorsichtig fragte, ob Daniel sich ein gemeinsames Kind vorstellen könnte, wurde es plötzlich ganz still. Denn Daniel war von dieser Idee überhaupt nicht angetan. Mehr noch: Er lehnte sie rundheraus ab. Und so nahm eine Krise ihren Lauf. Denn Julia, die sich bis dahin nie viel aus Kindern gemacht hatte, entdeckte nun, mit 34 Jahren, dass sie es sich wirklich sehr wünschte, Mutter zu werden und eine eigene Familie zu haben.

Es folgte eine Zeit, in der sich Julia hin- und hergerissen fühlte. Einerseits liebte sie Daniel. Es gab so viele Bereiche, in denen sie ähnliche Interessen hatten und sich gut verstanden. Andererseits war er entschlossen, nicht Vater zu werden. Er blieb fest auf diesem Standpunkt – obwohl ihm bewusst war, damit seine Partnerschaft zu riskieren. Und Julia wurde mit der Zeit immer klarer, dass sie sich entscheiden musste zwischen Daniel und einer eigenen Familie. Nein: Sie musste sich entscheiden zwischen Daniels Wunsch und ihrem eigenen. Es konnte in dieser Frage keinen Kompromiss geben.

Schließlich fand sie die Kraft, zu ihrem eigenen Wunsch und dem, was ihr zutiefst wichtig war, zu stehen. Ein halbes Jahr nachdem sie das erste Mal über Kinder gesprochen hatten, beendete Julia die Beziehung und zog in eine eigene Wohnung. Es war eine schmerzhafte Trennung ohne Gewähr, dass sie mit einem anderen Mann eine Familie gründen würde. Monatelang trauerte sie um Daniel. Würde sie die Trennung irgendwann bereuen? Vielleicht. Aber sie wusste: Noch mehr würde sie es bereuen, wenn sie ihren Kinderwunsch geopfert hätte. Sie hatte die Kraft gefunden, zu sich zu stehen. Und das gab ihr Zuversicht.

WIE MAN LOSLÄSST UND
FREIHEIT GEWINNT

Das Ende einer Geschichte kann uns ziemlich stark beschäftigen. Vor allem, wenn das Ende gegen unseren Willen kommt, geraten Herz und Geist schnell in Aufruhr. Gedanken entbrennen, die sich in endlosen Kommentaren und Bewertungen verheddern und die ganze Sache dadurch nur noch verschlimmern. Wir können uns so sehr hineinsteigern in die gefühlte Ungerechtigkeit einer Abschiedssituation, dass wir schließlich mehr über unsere eigenen negativen Gedanken weinen als über den Verlust selbst.

DAS BEWERTEN AUFGEBEN

Unser Geist hat die Angewohnheit, alles beurteilen zu wollen, einschließlich unserer eigenen Rolle im Geschehen. Nur wenn wir unsere Gedanken aufmerksam beobachten, können wir erkennen, wie wir manche schmerzhafte Erfahrung gedanklich mit ausufernden Kommentaren und Vermutungen ausschmücken, bis sie sich sehr dramatisch anfühlt. Es ist, als hätte uns ein Pfeil getroffen, und anstatt ihn herauszuziehen, stecken wir einen zweiten Pfeil in die Wunde und bohren damit auch noch darin herum.

In der buddhistischen Geistesschulung wird daher empfohlen, genau auf unsere Gedanken zu achten, wenn wir eine bestimmte Erfahrung innerlich ablehnen. Denn erst wenn wir die urteilenden (und destruktiven) Gedanken ausfindig gemacht haben, können wir sie behutsam loslassen und dann die Dinge sehen und sein lassen, wie sie sind. Sind sie überraschend, schmerzhaft, enttäuschend oder sogar erfreulich? Können wir sie akzeptieren, ohne etwas hinzuzufügen oder wegzulassen? Können wir es uns zumuten, die Situation so zu sehen, wie sie ist, ohne damit zu kämpfen? Erst wenn das möglich ist, können wir uns mitfühlend öffnen und auf eine Weise loslassen, die niemandem unnötig Schmerz zufügt.

SICH DAS LOSLASSEN ERLAUBEN …

Es geht dabei aber nicht um Passivität. Man braucht für ein friedliches Loslassen durchaus den Willen dazu. Man kann nur so weit loslassen, wie man es sich erlaubt. Und hier gibt es recht unterschiedliche Schattierungen: Oft reicht die schlichte Einsicht, dass es nun an der Zeit ist loszulassen. Manchmal muss man sich aber auch die Vorteile, die es hätte, klarmachen. Es kann sogar notwendig sein, eine klare Entschlossenheit zu kultivieren, um nicht immer wieder von alten Gewohnheiten eingeholt zu werden.

… UND »WAHRHEITEN« INFRAGE STELLEN

Wer quälende oder destruktive Gedanken loslassen will, braucht nicht die Gedanken zu bekämpfen. Viel wirksamer ist es, diesen Gedanken und dem, was sie uns einflüstern, keinen Glauben mehr zu schenken. Denn wir halten Gedanken nur so lange fest, wie wir davon überzeugt sind, dass sie die Wahrheit erzählen. Beobachten wir sie jedoch mit etwas Abstand (siehe auch Seite 39), dann haben wir auf einmal mehr Spielraum, ihren Wahrheitsgehalt infrage zu stellen und uns aus ihrem Griff zu befreien. Dann sind es auf einmal nur noch Gedanken, die kommen und gehen. Man nimmt sie wahr, denkt, erwägt und lässt sie doch immer wieder weiterziehen. Wer nicht festhält, kann sogar viel kreativer und flexibler denken, denn es geschieht vor einem Hintergrund der Offenheit und weitgehender Vorurteilslosigkeit.
Es ist wirklich erstaunlich, was wir alles an ungeprüften Annahmen über uns selbst und die Welt in uns tragen. Doch sobald wir unseren Gedanken und Schlussfolgerungen mit einer gewissen Frische, mit Achtsamkeit und auch mit Humor begegnen, befreit sich der Geist aus seiner uninspirierten Starre.

MEDITATION

Loslassen beginnt mit Sein-Lassen

Mit dieser Meditationsübung können Sie den Prozess des Loslassens unterstützen. Die Übung ermutigt dazu, körperliche und emotionale Anspannungen so zu akzeptieren, wie sie im gegenwärtigen Moment sind – ohne sie verändern oder auflösen zu wollen. Loslassen kommt mit dem Sein-Lassen.

- Setzen Sie sich in eine aufrechte Meditationshaltung und richten Sie Ihre wohlwollende Aufmerksamkeit auf den Körper und den Atem.

- Schließen Sie die Augen und konzentrieren Sie sich einige Minuten auf Ihre Atmung, indem Sie diese einfach nur aufmerksam beobachten. Sie brauchen den Atem dabei nicht zu beeinflussen. Er darf auf seine ganz natürliche Weise ein- und ausströmen.

- Erweitern Sie dann das Feld Ihrer Aufmerksamkeit und registrieren Sie körperliche und emotionale Anspannungen. Lassen Sie Ihre Aufmerksamkeit dabei nach und nach immer feiner werden. Wo können Sie Spannungen wahrnehmen? Wie genau fühlen sie sich an? Vielleicht bemerken Sie einen verspannten Nacken oder eine Nervosität um die Augen? Vielleicht auch ein Gefühl von Unruhe?

- Versuchen Sie, die Anspannungen bewusst zu registrieren, ohne sie zu bewerten oder gar auflösen zu wollen.

- Atmen Sie weiterhin ruhig und lassen Sie alles so sein, wie es ist, während Sie es beobachten.

- Tolerieren Sie in dieser Meditation das angespannte Festhalten und beobachten Sie, was es in Ihnen bewirkt. Wie fühlt es sich an? Was macht es mit Ihrem Ich-Gefühl? Sind Sie verunsichert, ärgerlich oder überrascht? Widerstehen Sie dabei der Versuchung, sich gegen Ihre Empfindungen und Gefühle zu stellen. Atmen Sie weich in die Anspannung.

- Nehmen Sie dann noch einmal bewusst eine freundliche, fürsorgliche Haltung gegenüber sich selbst ein. Das hilft Ihnen, die Anspannungen einfühlsam und wohlwollend, aber auch mit etwas Abstand zu betrachten. Möglicherweise wird Ihnen bewusst, was sich hinter der Anspannung verbirgt? Vielleicht nehmen Sie wahr, dass sich ein Gedanke in Ihrem Geist ständig wiederholt oder Sie sich in eine bestimmte Idee verbissen haben?
- Was verändert sich, wenn Sie sich der Anspannung klar bewusst sind, aber nicht dagegen kämpfen? Erlauben Sie sich, alles so sein zu lassen, wie es ist. Nichts hinzufügen. Nichts fortnehmen.
- Atmen Sie ruhig und tief und bleiben Sie noch eine Weile in dieser Haltung.

Geben Sie jede Form des inneren Dagegenhaltens auf. Je mehr Sie in einen friedlichen, klaren Zustand kommen, desto weniger halten Sie fest. Dann kann das Loslassen auf ganz natürliche Weise folgen.

ABSCHIEDNEHMEN IST WICHTIG

Manche Menschen berichten, dass es ihnen schwer fällt, eine Sache aktiv zu beenden. Daher quälen sie sich lange damit, aus einem belastenden Job herauszukommen, sich von ihrem Partner oder ihrer Partnerin zu trennen oder aus einem Verein auszutreten, mit dem sie nur noch die formelle Mitgliedschaft auf dem Papier verbindet. Sie fühlen sich unsicher, wie man eigentlich einen Abschluss so gestalten kann, dass er würdevoll ist. Denn vor Abschiedssituationen sind diese Menschen wie blockiert und gehen ihnen lieber ganz aus dem Weg. Leider fühlt sich dies völlig hilflos an und wirkt auch so, was die Betroffenen zusätzlich ärgert oder deprimiert.

Ein verzagter Rückzug ist kein zufriedenstellender Abschluss, sondern führt durch seine Widersprüchlichkeit eher zu einem emotionalen Durcheinander. Und mal ganz ehrlich: Wie lange will man als zahlende

Karteileiche in einem Verein bleiben? Oder eine Partnerschaft fort-
setzen, in der Liebe in Verachtung umgeschlagen ist? Ist es nicht viel
besser und respektvoller, einen Schlussstrich zu ziehen? Indem wir das
Risiko einer Entscheidung eingehen, arbeiten wir daran, für uns selbst
und andere Klarheit zu schaffen. Dabei dürfen wir uns auch getrost
helfen und ermutigen lassen. Freunde, Familie, Kollegen – meistens
gibt es wenigstens einen Menschen im Umfeld, mit dem man seine
Situation vertrauensvoll besprechen kann. Und nicht zuletzt kann man
sich auch professionelle Hilfe holen.

ABSCHIEDE SICHTBAR MACHEN

Wie lässt sich ein Abschied gut gestalten? Worauf sollte man achten?
Dies lässt sich nicht allgemein beantworten und ist immer von der
jeweiligen Situation und den Beteiligten abhängig. Wichtig ist es
jedoch, die Tatsache, dass etwas zu Ende geht und ein Abschied ansteht,
nicht zu verdrängen und nicht so zu tun, als sei es nicht bedeutsam.
Wir sollten einem Abschied ins Auge sehen und das Ende einer
Sache – für uns und auch für andere – sichtbar machen.
Es ist kein Fehler, sondern eine Realität, dass wir im Laufe des Lebens
immer wieder Abschied nehmen müssen. Bei vielen Abschieden helfen
uns Feiern oder gemeinsame Rituale, weil sie dem Übergang eine
würdevolle, feierliche Note geben. Abschlussfeiern, Silvesterpartys,
Trauerfeiern – sie alle sind entstanden aus dem menschlichen Wunsch,
in dem Moment, in dem wir etwas hinter uns lassen, nicht alleine zu
sein, sondern gemeinsam eine wichtige Phase in unserem Leben
abzuschließen und zu würdigen.
Abschiednehmen ist oft mit vielen Emotionen verbunden. Freude oder
Erleichterung können ebenso im Mittelpunkt stehen wie Ängste und
Trauer. Manchmal sträubt sich alles dagegen, diese Emotionen zu
fühlen, und so versucht man, den Abschied hinauszuschieben oder ihn
am besten ganz zu umgehen. Manchmal übernehmen dann jedoch
andere die Aufgabe, die eigentlich unsere ist.

Wie verabschiede ich mich?

Michael, 35 Jahre, Softwareentwickler, erlebte folgende Abschiedssituation: Nach sechs Jahren bei seinem Arbeitgeber war er wieder bereit für einen Wechsel. Als ihm dann von einer anderen Firma ein neuer Job angeboten wurde, sagte er sofort zu. Doch je näher der Abschied in dem alten Unternehmen rückte, desto nervöser wurde er. Er wollte sich zwar von seinen bisherigen Kollegen verabschieden, hatte jedoch keine Ahnung, wie er das locker hinbekommen sollte. Die Situation war ihm sehr unangenehm.

Sollte er die Kollegen zu einer kleinen Abschiedsparty im Büro einladen? Schon der Gedanke daran verursachte ihm Kopfschmerzen. Irgendwie schien ihm so eine Runde peinlich zu sein. Also strich er diesen Gedanken. »Bloß nicht zu viel Aufsehen und womöglich noch Sentimentalitäten«, dachte er. Dann malte er sich aus, wie es wäre, sich von jedem einzeln und persönlich zu verabschieden, fand das aber sofort auch »irgendwie blöd«.

Die letzten Tage im Büro waren quälend. Michael sah einen völlig verkorksten Abgang auf sich zukommen, bei dem er sich am Ende ganz schnell von den Kollegen verabschieden würde, um dann möglichst unauffällig zu verschwinden. Zu Hause, so meinte er, wäre er dann wahrscheinlich erleichtert, aber gleichzeitig auch enttäuscht und unzufrieden mit sich selbst. Michael wusste einfach nicht, was er tun sollte. Zum Glück scheinen seine Kollegen dies alles geahnt zu haben: Sie überraschten ihn an seinem letzten Arbeitstag mit einer wunderbaren kleinen Abschiedsfeier. Michael empfand keinen Moment als peinlich und war letztlich sehr dankbar, dass es ein »richtiger« Abschied mit vielen guten Wünschen geworden war. »Heute weiß ich, dass es guttut, ein klares Zeichen zu setzen, wenn ein Abschnitt zu Ende geht«, resümierte Michael seine Erfahrung.

ÜBUNG

Einen Abschied gestalten

Egal, um welchen Abschied es geht, in jedem Fall sollten wir überlegen, wie wir ihn gestalten wollen. Die folgenden Fragen helfen dabei:

- Wie will ich mich verabschieden?
- Was darf nicht fehlen?
- Soll es eine Feier geben? Welchen Ablauf müsste sie haben?
- Was wäre durch diesen Ablauf vermutlich sichergestellt?
- Mit wem möchte ich auch anschließend noch in Verbindung bleiben, und wie vermittle ich das?

Wichtig ist, beim Abschiednehmen sowohl auf eigene Bedürfnisse zu hören als auch zu überlegen, was anderen guttun würde. Trauen Sie sich also ruhig, bei einer Abschiedsfeier spontan zu reagieren: Sie wollten eigentlich keine Rede halten, würden jetzt aber doch gerne ein paar Worte an alle richten – tun Sie es. Sie möchten von vornherein keine Feier? Dann überlegen Sie, welche Alternative den Abschied für alle Beteiligten positiv gestaltet.

TRAUER IST KEINE SCHWÄCHE

Ein Abschied kann uns seelisch sehr berühren, denn er bedeutet immer, dass wir uns von etwas lösen und auseinandergehen. Als natürliche Reaktion darauf trauern wir um den Verlust und brauchen Zeit, um den Schmerz verheilen zu lassen.

Trauer erfasst uns besonders, wenn wir mit dem Menschen, von dem wir uns verabschieden, eng verbunden waren und viel Zeit miteinander verbracht haben. Durch den engen Kontakt ist man wie miteinander verwachsen. Unser Identitätsgefühl ist von Natur aus offen für die Einflüsse und seelischen Berührungen, die durch den Kontakt und die Beziehungen mit andern entstehen. Ebenso beeinflusst die Umgebung, in der wir uns aufhalten, wie wir uns selbst erleben.

So ist der Abschied von einem Menschen oder einem Ort, mit dem man sich eng verbunden fühlte, auch deswegen schmerzhaft, weil man einen Teil seiner selbst loslassen muss. Der Verlust reißt eine Wunde in die eigene Identität. Trauer ist der seelisch-emotionale Prozess, den wir brauchen, um Abschied zu nehmen, loszulassen und zu gesunden.

Der Dichter Rainer Maria Rilke schrieb auf poetische Weise über die Trauer: »Wenn etwas von uns fortgenommen wird, womit wir tief und wunderbar zusammenhängen, so ist viel von uns selber mit fortgenommen. Gott aber will, dass wir uns wieder finden, reicher um alles Verlorene und vermehrt um jeden unendlichen Schmerz.«

Trauer bedeutet also auch Wachstum und ist alles andere als eine Schwäche. Sie ist die Zeit, die unsere Seele braucht, damit wir uns wiederfinden und den Abschied verschmerzen. Wir sollten einander – und auch uns selbst – diese Zeit mitfühlend gewähren. Sie ist notwendig, um wieder ganz ins Leben zurückzufinden.

Die Furcht vor dem Schmerz

Trauer ist aber auch eine Emotion, die vielen Menschen Angst macht. Sie fürchten sich vor dem Schmerz, der durch das Gefühl des Verlustes ausgelöst wird, ebenso wie vor den zahlreichen Emotionen, die während eines Trauerprozesses auftauchen können. Sich davor zu fürchten ist sehr menschlich. Keiner würde diese Erfahrung freiwillig wählen. Doch das Leben verschont uns nicht. Abschiede gehören immer dazu, und wir brauchen uns für die Emotionen, die damit verbunden sind, nicht zu schämen. Man wird kein Haus finden, in dem die Trauer unbekannt ist. Wir können diesen Schmerz nur selbstmitfühlend annehmen und uns Zeit zum Gesunden geben, damit er nicht unerlöst auf unserem Herzen bleibt.

UMGANG MIT DEM ÄLTERWERDEN

Mehr als jede andere Phase konfrontiert uns die Abschlussphase (siehe auch Seite 19) mit dem Thema Altern. Unweigerlich erleben wir, wie die Dinge ihre Kraft verlieren, welken, porös oder faltig werden und schließlich in sich zusammenfallen. Einem betagten menschlichen Körper sieht man die Jahre an. Doch das Alter mindert nicht automatisch seine Schönheit – es sei denn, man setzt Schönheit mit Jugendlichkeit gleich, was sicherlich eine sehr einseitige Perspektive ist. Es gibt Menschen, die im Laufe eines langen Lebens so tief in ihrer Menschlichkeit erwacht sind, dass dies in jeder Begegnung mit ihnen wie ein Funke überspringt. Sie verkörpern eine besondere Art von Schönheit, die der Frische der Jugendlichkeit nicht entgegengesetzt ist, sondern diese mit Freude und Respekt umfasst. Schließlich ist die Erfahrung des Alterns eine Konsequenz der eigenen Jugend und Blüte. Das Alter ist nicht getrennt davon, sondern trägt die durchlebte Erfahrung der Jugend in sich, ähnlich wie ein köstlicher Apfel nur aus einer lieblichen Apfelblüte entstehen kann.

Der Gedanke, mit dem Altern seine Jugendlichkeit zu verlieren, entspricht also nicht ganz der Wirklichkeit. Wir verlieren sie nicht, sondern wir haben sie schon durchlebt und tragen sie in uns. Je bewusster wir die durchlebten Jahre verinnerlicht haben und mit den schwierigen Erfahrungen, die ja auch zu jedem Leben gehören, versöhnt sind, desto mehr können sie zu einem vitalen Aspekt des Alterns und damit zu einem echten Schatz werden.

VERPASSTE CHANCEN GEHÖREN DAZU

Unweigerlich wird man in der Zeit des Älterwerdens und Altwerdens auch immer mal wieder das Gefühl bekommen, etwas verpasst oder ausgelassen zu haben: eine Karrieremöglichkeit, die man zugunsten der Familie geopfert hat; eine Familie, auf die man zugunsten der Karriere verzichtet hat; eine gescheiterte Prüfung oder eine nicht gelebte Liebesbeziehung. Die alten Themen kommen gelegentlich ins Bewusstsein, wenn wir in einer ruhigen Stunde auf unser Leben blicken. Dabei stellen wir womöglich erschreckt fest, dass der Blick inzwischen nur noch ein Rückblick sein kann. Denn was wir ausgelassen haben, lässt sich in späteren Jahren nicht mehr unbedingt nachholen.

VERSÖHNLICH LEBEN

Wie gehen wir mit dieser Situation um? Bedauern wir uns? Werden wir am Ende griesgrämig und fühlen uns betrogen vom Leben? Und wer trägt die Schuld? Solches Grübeln hilft nicht weiter. Im Gegenteil: Es lenkt die Gedanken auf eine Spur, die den Groll auf sich und andere verstärkt, und man fühlt sich dadurch deprimiert, isoliert und traurig. Sollten wir also nicht lieber schnörkellos anerkennen, dass wir uns manches im Leben anders gewünscht hätten, als es dann war? Aus dem schlichten Anerkenntnis heraus und ohne irgendeine Schuldzuweisung können wir eine versöhnliche, akzeptierende Haltung entwickeln: So war mein Leben nun einmal. Ist es wirklich so schlimm, dass es Brüche und Ungereimtheiten, unerfüllte Sehnsüchte und Ängste gegeben hat? Nein, es ist in Ordnung!

Wenn wir Schuldzuweisungen und Groll nicht länger aufrechterhalten, können wir etwas behutsamer und nachdenklicher auf die Entscheidungen und Fehlentscheidungen in unserem Leben schauen. Manchmal fließen dann ein paar Tränen wegen der verpassten Chancen oder der Träume, die wir vielleicht im Laufe der Zeit verloren haben. Doch wir werden auch für vieles wieder offener und dankbarer, besonders, wenn wir uns auch an die kostbaren Momente erinnern, in denen unser Herz sich geborgen fühlte und wir auf kaum erklärliche Weise vom Leben tief berührt waren. Festhalten kann man keinen von ihnen. Aber bis ins hohe Alter kann die Erinnerung an diese Momente immer wieder Anlass zu Freude und Dankbarkeit geben. Es liegt an uns selbst, ob wir sie als funkelnde Sternstunden unseres Lebens betrachten oder sie, nachdem sie durchlebt sind, als etwas sehen, was wir unwiederbringlich verloren haben.

Die Geheime Zeit

Zwischen Herbst und Frühling, Ende und (Neu-)Anfang
liegt eine geheimnisvolle Zeit, in der nur scheinbar
nichts passiert. Die Natur braucht die Winterruhe, um
schließlich wieder neues Leben hervorbringen zu können.
Und auch wir benötigen solche Zwischenphasen
des Innehaltens – ganz besonders bei Veränderungen.
So können wir uns besinnen und Kraft schöpfen
vor dem Neubeginn.

INNEHALTEN
STATT DURCHSTARTEN

Wer unmittelbar zugegen ist, wenn ein Mensch geboren wird oder stirbt, kann von immenser Ehrfurcht erfasst werden. Es sind tief greifende spirituelle und emotionale Ereignisse. Wissen wir wirklich, was ein individuelles Leben ausmacht? Oder ist es ein Mysterium, das uns eigentlich jeden Tag staunen lassen müsste?

DER OZEAN DES LEBENS

Die Geburt ist nicht der Anfang eines Lebewesens und der Tod nicht sein sofortiges Aus. Beides – geboren werden und sterben – sind Aspekte eines ständig sich entfaltenden Prozesses. Aus Sicht der Biologie mag man zwar ab dem Moment der Zeugung, also wenn Ei- und Samenzelle verschmelzen, von einem neuen Lebewesen sprechen, doch letztendlich erkennen wir auch auf Zellebene überall Wandel und fließende, organische, wechselseitig sich bedingende Übergänge, die daran beteiligt sind, das neue Lebewesen hervorzubringen.
Eine Zeugung ist kein alleingestellter, isolierter Moment, sondern immer prozessgebunden. Körperliche, seelische, emotionale, geistige, gesundheitliche Faktoren der Eltern, aber beispielsweise auch soziale oder klimatische Umstände beeinflussen den Augenblick, in dem eine Zeugung stattfindet. Man könnte es so beschreiben: Ein neues Lebewesen entsteht mitten aus dem Prozess des Wandels. Die gesamte Umgebung ist als »Web of Life« (»Netz des Lebens«) in diesem kurzen Moment enthalten.
Stirbt ein Lebewesen, so ist auch dieser Moment durch den vielschichtigen Prozess des Wandels in Vergangenheit und Zukunft eingebunden. Er wird beeinflusst von vielen Faktoren und wirkt sich seinerseits auf

die Umgebung aus. Es gibt kein Entstehen und Vergehen außerhalb dieses ständigen komplexen Wechselspiels, das alles hervorbringt und wieder aufnimmt. In jedem individuellen, kostbaren Leben drückt sich das Web of Life in einzigartiger Weise aus. Nach dem Tod löst sich die einmalige, durchlebte Form auf, wird transformiert und reintegriert wie das Wasser der Welle, das zurückfließt in den Ozean. Auf elementarer Ebene geht nichts verloren.

DIE VIER JAHRESZEITEN

Wenn im Winter alles ruht

Alles scheint wie im Schlaf. Die Natur hat sich zurückgezogen. Weder Blüten noch Blätter bilden sich aus. Weder Fortpflanzung noch Wachstum ist jetzt von Bedeutung. Die Tage in ihren blassen Farben werden von einem kraftlosen Himmelslicht und wenig Wärme bestimmt. Doch darf man diesen Rückzug nicht mit Mangel verwechseln. Es wäre ein Irrtum zu glauben, diese Zeit sei von geringerer Bedeutung als alle anderen Phasen im Prozess des Wandels. Denn die Pracht ist wohl erloschen, doch die Informationen darüber schlummern im Verborgenen und werden an das kommende Jahr weitergegeben.

Diese Übergangszeit ist auch durch eine verstärkte Auflösungstendenz geprägt: Verwelkte Pflanzen, umgefallene Bäume und leblos am Waldboden liegende kleine Tierkörper zerfallen nach und nach in ihre atomaren Bestandteile, bis diese schließlich wieder zu Bausteinen von etwas Neuem werden. Der Brauch, Pflanzen auf ein Grab zu setzen, ist Ausdruck dieses uralten Wissens um den Transformationsprozess des Lebens.

Es kann nichts verloren gehen. Wo sollte es auch bleiben? Alles entsteht und vergeht wie Wellen, die sich aus dem unendlichen Ozean des Daseins bilden. Jede von ihnen ist in Bewegung und baut sich in einzigartiger Weise auf, bis sie schließlich auf das Ufer trifft und umschlägt. Die Welle löst sich auf, und das Wasser fließt zurück in den Ozean. Waren sie je getrennt?

Vielleicht müssen wir uns darauf besinnen, die Dinge hinter den Dingen zu sehen, um die Welt hinter der winterlichen Kulisse würdigen zu können. Damit würden wir viele potenzielle Möglichkeiten ent-decken, aber auch einsehen, dass wir immer wieder mit Limitierungen umgehen müssen. Gerade die Zeit des Übergangs, die Phase zwischen Ende und Anfang kann geprägt sein von Verunsicherung und erhöhter Sensibilität gegenüber unserer Umwelt. Einige unserer üblichen Orientierungspunkte sind nicht mehr da, und auch auf unsere gewohnheitsmäßigen Abläufe ist kein Verlass mehr. Neue Sicherheits-anker haben sich noch nicht etabliert. Die Zeit des Übergangs vom Stirb zum Werde kann sich anfühlen, als sei uns der Boden unter den Füßen weggezogen worden. Gerade deswegen, sagen die großen spirituellen Meister, ist dies die Zeit, in der wir die größten Chancen haben, aufzuwachen und über uns hinauszuwachsen.

RÜCKZUG IST HEILSAM

Wie sinnvoll und notwendig eine Zeit des Rückzugs und der Reflexion ist, lässt sich auch im Alltag beobachten. Kein Mensch ist in der Lage, immer aktiv zu sein. Dass wir müde werden und schlafen müssen, ist eine Tatsache. Schlaf ist der tägliche Rückzug nach dem Ende aller Tagesaktivitäten und der damit verbundenen Rollen und Aufgaben. Schlafend sinken wir in die glückliche Freiheit der ozeanischen Tiefen des Geistes und sind auf eine köstliche Weise für kurze Zeit einfach niemand. So erholen und regenerieren wir uns. Haben wir ausgeschla-fen und wachen (ohne Wecker!) auf, fühlen wir uns »wie neugeboren«.

Wellen im Ozean

Ich möchte Sie einladen auf eine meditative Reise. Lehnen Sie sich entspannt zurück und lassen Sie jeden Satz und jedes Bild in Ruhe auf sich wirken. Planen Sie für die Meditation circa 15–20 Minuten ein.

- Stellen Sie sich vor, Sie sitzen an einem wunderschönen Meeresstrand. Es ist angenehm warm, und Sie genießen den weiten Blick über die See. Sie sind entspannt und öffnen sich, um dem Meer zu lauschen und die Stimmung mit allen Sinnen aufzunehmen. Sie spüren die Wärme und das Salz auf der Haut. Die feine Gischt hinterlässt zarte Wasserperlen auf den Armen. Eine leichte Brise streicht sanft durch Ihr Haar. Sie nehmen den typischen Geruch des Meeres wahr. Trotz des lauen Windes pulsieren die Wellen unaufhörlich. In der Ferne schreien einige Möwen.

- Ihr Blick bleibt auf den Wellen ruhen, und Sie beobachten deren anfangs- und endloses Spiel. Eine Welle nach der anderen wird durch die verborgenen Kräfte und Wasserströmungen in ihre einzigartige Form geschoben. Keine Welle gleicht der anderen.

- Sie sehen, wie die Wellen sich auftürmen und auf dem Höhepunkt ihrer ganzen Fülle umschlagen. Mit abnehmender Kraft laufen sie breit aus bis zu ihrer maximalen Ausdehnung an den Strand. Sie erreichen fast Ihre Zehen- spitzen! Doch auf einmal wird Ihnen klar: Es ist gar keine Welle mehr, sondern nur noch Wasser. Die Wellenform hat sich vollständig aufgelöst. Das Wasser zieht sich zurück in den heimatlichen Ozean und wird sich nach einer Weile wieder zu einer völlig neuen Welle formen.

- Sie beobachten das Meer und lassen den Rhythmus der Wellen auf sich wirken, während Ihre Gedanken zur Ruhe kommen und Sie dem endlosen Spiel zuschauen.

SICH ÜBERGANGSZEITEN ERLAUBEN

Übergangsphasen, Rückzug, Pausen, Leerlauf sind wesentliche Bestandteile jedes Wandlungsprozesses. Mehr noch: Sie sind für die seelische
Gesundheit eines Menschen und seine Fähigkeit, sich nach einer
körperlichen oder emotionalen Anstrengung zu regenerieren, von
großer Bedeutung. Denn in dieser Zeit können die Erfahrungen aus
den mehr aktivitätsdominierten Phasen verarbeitet werden.

Erkennen, wenn Pausen anstehen

Kennen Sie die folgende Situation? Sie kommen von der Arbeit nach
Hause, und kaum betreten Sie die Wohnung, setzen Sie sich auch schon
an den Computer, um ein paar wichtige private Angelegenheiten zu
erledigen – Überweisungen, E-Mails und noch einige andere Dinge, um
die Sie sich kümmern müssen. Dabei sind Sie ununterbrochen in Ihrem
Aktivitätsmodus und merken gar nicht, dass Sie sich nach dem langen
Arbeitstag keine Pause gegönnt haben, sondern direkt die neuen
Aufgaben zu Hause angegangen sind.

Ein ganz anderes Beispiel: Wenn eine Paarbeziehung auseinandergeht,
ist es für viele Menschen schwer vorstellbar, ohne neuen Partner
dazustehen. Zu groß ist die Furcht vor einem emotionalen Winter. Am
liebsten würden sie daher die Zeit zwischen dem niederschmetternden
Abschied von dem ehemaligen Lebensgefährten und dem ersehnten
Beginn einer neuen Liebe einfach überspringen. Doch tatsächlich kann
diese Zeit segensreich sein, wenn man sie als Zeit der Heilung und
Neuorientierung versteht, in der die Erfahrungen aus der aufgelösten
Partnerschaft mit emotionaler Tiefe sortiert werden können.

Pausen der Situation anpassen

Wir alle müssen im Laufe des Lebens immer wieder Anstrengungen
und Verluste verkraften: Vielleicht haben wir eine schwierige Prüfung
abgelegt oder ein riskantes Gerichtsverfahren durchgestanden. Vielleicht sind wir mit unseren Kindern durch einen Ablösungsprozess

gegangen, in dessen Verlauf wir einsehen mussten, dass diese nun wirklich selbstständig geworden sind und auf eigenen Füßen stehen. Und nicht nur unsere Kinder müssen wir in Liebe loslassen, sondern ebenso unsere alten Eltern, wenn sie gehen. Wer kann da schon einfach so weitermachen, als sei nichts? Ist es nicht viel angemessener, anschließend eine gewisse Zeit lang innezuhalten?

Nicht jeder Rückzug nimmt gleich viel Zeit in Anspruch. Nach einer sportlichen Anstrengung mag schon eine Stunde Siesta reichen, während es in anderen Situationen durchaus sein kann, dass ein Mensch ein Jahr und länger braucht, um zu regenerieren. Es ist uns einfach aus dem Bewusstsein verloren gegangen, wie heilsam und nährend diese geradezu heilige Zeit zwischen Ende und Anfang sein kann. Sie ist sogar dann bedeutungsvoll, wenn wir eine Sache voller Stolz und Freude hinter uns lassen und optimistisch und hoffnungsvoll auf die Zeit vor uns schauen.

DIE ANGST VOR DEM HEILSAMEN INNEHALTEN

Manchmal möchten wir die Übergangsphase am liebsten überspringen – vielleicht weil wir uns ein wenig vor den Emotionen fürchten, die damit verbunden sein können. Als regelrecht unangenehm erleben wir diese Phase, wenn zwar eine Angelegenheit beendet ist, aber noch keine Aussicht auf etwas Neues besteht, wie etwa bei einer ungewollten Trennung oder Kündigung: Man muss die schmerzhafte Erfahrung des Verlusts erleben, ohne ein Licht am Ende des Tunnels zu sehen und eine Idee davon zu haben, wie es weitergehen könnte. Vor allem die Angst vor Trauer und dem Gefühl von Einsamkeit kann verhindern, dass man sich zur Ruhe kommen lässt. Lieber bleiben wir ununterbrochen auf Achse und lenken uns ab, als uns freiwillig den schwierigen Gefühlen auszusetzen, die gerade wie unberechenbare Dämonen im Hintergrund unseres Lebens lauern.

Natürlich ist uns dies oft gar nicht bewusst, weil die Angst vor den Gefühlen schwer wahrzunehmen ist. Gelegentlich kommt sie als

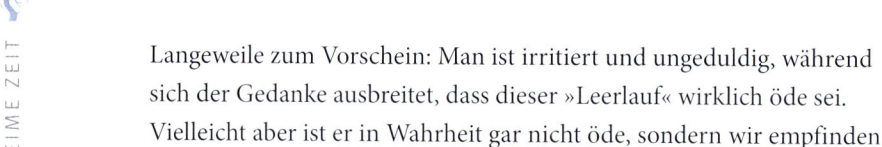

Langeweile zum Vorschein: Man ist irritiert und ungeduldig, während sich der Gedanke ausbreitet, dass dieser »Leerlauf« wirklich öde sei. Vielleicht aber ist er in Wahrheit gar nicht öde, sondern wir empfinden den offenen Raum zunächst als bedrohlich.

Die Übergangsphase ist auch eine Chance, das Erlebte zu verarbeiten und loszulassen (siehe Seite 57). In dieser empfindsamen Zeit fühlt man sich manchmal so verwundbar, dass man eigentlich kaum hinschauen mag. Hier kann uns wieder die nicht urteilende, mitfühlende Achtsamkeit (siehe Seite 44–45) eine große Unterstützung sein. Sie erinnert uns zu jeder Zeit daran, offen zu bleiben und uns mutig auf das, was ist, einzulassen. Öffnen wir uns behutsam für den Abschiedsschmerz und die Gefühle, die damit verbunden sind, dann öffnen wir uns auch für einen Heilungsprozess, der notwendig ist, um Erfahrungen zu erinnern und als einen wichtigen Bestandteil in unsere Lebensgeschichte zu integrieren. Das Loslassen besteht hier vor allem darin, das, was ist, zu akzeptieren und seinen Frieden damit zu machen.

PAUSEN MACHEN IST VERANTWORTUNGSVOLL

Viele Menschen können auch davon berichten, wie wohltuend und hilfreich sie es empfinden, dass sie bewusst Pausen und Übergangszeiten in ihrem Leben kultivieren. Eine kluge Frau, die in ihrem Beruf viel Verantwortung trägt, sagte zu mir in einem Beratungsgespräch: »Seit ich darauf achte, auch in den Abschlussphasen und danach aufmerksam zu bleiben, geht es mir viel besser. Mir ist klar geworden, wie wichtig es ist, nicht einfach einen Auftrag zu beenden und im gleichen Atemzug mit dem nächsten zu beginnen. Ich versuche beispielsweise, Projekte und Dienstreisen bewusst zu beenden und mir anschließend wenigstens einen Moment Zeit zu nehmen, um über das, was ich dabei erlebt habe, zu reflektieren. Oft tue ich dies auch mit meinen Mitarbeitern zusammen. So kommen wir alle viel besser mit der Fülle an Informationen und Erfahrungen in unserer Arbeit klar.« Dann ergänzte sie noch: »Früher dachte ich auch, ich würde irgendwie

in ein Loch fallen, wenn ich nicht sofort etwas Neues hätte, woran ich arbeiten kann. Heute habe ich nicht mehr so viel Angst vor diesen Übergängen ›ohne Programm‹. Manchmal mache ich jetzt zwischendurch einen kleinen Spaziergang. Dabei sortiert sich für mich vieles von selbst. Es ist, als ob ich vorübergehend kurz abtauche. Und das ist für mich auch eine wunderbare Möglichkeit, gut für mich zu sorgen.«
Pausen sind also viel sinnvoller, als es auf den ersten Blick scheinen mag.

MEDITATION
Pause zwischen zwei Atemzügen

Diese circa 10-minütige Meditation macht Ihnen den natürlichen Charakter des Innehaltens bewusst.

- Schließen Sie die Augen und entspannen Sie Gesicht, Schultern und Bauch. Achten Sie auf die Ein- und Ausatmung und nehmen Sie bewusst die Empfindungen wahr, die durch das Atmen entstehen. Versuchen Sie jedoch nicht, den Atemprozess zu beeinflussen oder zu kontrollieren. Beobachten Sie nur und lassen Sie den Atem immer mehr in seinen ruhigen, natürlichen Fluss kommen. Spüren Sie, wie Körper und Geist sich entspannen.

- Lenken Sie dann Ihre Aufmerksamkeit auf die Ausatmung. Spüren Sie das Ausströmen, bis die Ausatmung vorbei ist. Die Einatmung geschieht danach ganz von allein. Vertrauen Sie darauf, dass der Atem seinen natürlichen Rhythmus findet. Zwischen dem Ende der Ausatmung und dem Beginn der Einatmung ist eine kurze Pause. Spüren Sie die Empfindungen, die Sie in dieser Pause wahrnehmen können. Entdecken Sie, wie alles für einen Moment zu Ruhe kommt.

Ins Kloster nach Thailand

Als Daniel sich nach dem bestandenen Abitur fragte, wie es jetzt weitergehen solle, hatte er nicht die leiseste Idee. Alles war irgendwie interessant – und gleichzeitig uninteressant. Das Einzige, wovon er im Moment träumte, war, in Ruhe gelassen zu werden, Zeit zu haben und frei zu sein! Seine Eltern machten sich allmählich schon Sorgen wegen seiner Lethargie und Untätigkeit.

Zum Glück hatte Daniel einen Großvater, der den jungen Mann gut verstand, weil er sich in seinem Leben selbst einige Male so gefühlt hatte. Er schlug seinem Enkel vor, für einige Monate im großväterlichen Betrieb zu jobben, um sich etwas Geld zu verdienen. Damit könnte Daniel dann auf Reisen gehen. Nach Asien vielleicht, das sei preislich erschwinglich und sehr interessant. Der junge Mann war begeistert! Er hatte früher schon von den buddhistischen Klöstern in Südostasien gehört und gelesen, und sie hatten eine magische Anziehungskraft auf ihn. Wie hatte er das nur vergessen können?

Daniel konnte sofort mit der Arbeit beginnen und flog einige Monate später nach Myanmar. Ein Jahr lang bereiste er das Land. Er verbrachte viel Zeit in Klöstern, wo er lernte zu meditieren, zur Ruhe zu kommen und über sich und das Leben nachzudenken. Buddhistische Klöster sind durchaus eine harte Schule, aber Daniel hatte das Gefühl, endlich bei sich anzukommen. Noch nie vorher hatte er so viel Zeit für sich gehabt wie in diesem Jahr.

Voller wichtiger Erfahrungen kehrte er zurück nach Deutschland. Er wusste nun, in welche Richtung es für ihn weitergehen sollte. Auf seiner Reise hatte er oft kranke Menschen getroffen, die unnötig litten, weil kein Arzt in der Nähe war oder sie sich keinen leisten konnten. Durch diese Erlebnisse reifte sein Entschluss: Er wollte einen medizinischen Beruf erlernen, um helfen zu können.

SICH NEU ORIENTIEREN

Die Zwischenphase ist eine Zeit, in der sich unsere Seele sortiert. Wir brauchen Abstand von den Ereignissen und manchmal auch von bestimmten Menschen, um uns wieder zu beruhigen und zu orientieren. Mit der nötigen Distanz können wir erkennen, wovon wir uns vielleicht noch verabschieden müssen und wo sich für uns neue Gestaltungs- und Entwicklungsmöglichkeiten ergeben können. Mit etwas Abstand fällt uns oft auch erst auf, was uns im Leben oder in der aktuellen Lebenssituation wirklich wichtig ist.

Der größtmögliche räumliche Abstand, den man zum Geschehen auf der Erde haben kann, ist wohl Astronauten vergönnt. Schon seit dem ersten Mondflug geraten sie ins Schwärmen über den Anblick der Erde aus großer Distanz. So sagte der deutsche Astronaut Alexander Gerst nach seiner Rückkehr von der Raumstation ISS: »Wenn man da oben auf der Raumstation schwebt und runterschaut auf den kleinen blauen Planeten und wenn man dann sieht, wie viel Schwarz da herum ist, dann wirkt es grotesk, dass sich Menschen bekriegen oder Wälder abbrennen, die wir zum Überleben brauchen.«

Ganz so groß muss der Abstand natürlich nicht sein, wenn es darum geht, sich in einer Veränderungssituation neu zu orientieren und herauszufinden, wie es sinnvoll weitergehen könnte. Ein langer Spaziergang im Wald oder am Strand, das Wochenende auf einer einsamen Berghütte, eine längere Reise und/oder der Rückzug in ein Kloster (siehe Seite 80), das sind zum Beispiel Möglichkeiten, die uns Nicht-Astronauten zur Verfügung stehen, um in Zeiten des Umbruchs Abstand zu finden und wieder ins Gleichgewicht zu kommen.

Eine entscheidende Frage

Nicht zuletzt dienen die Zwischenzeiten auch dazu, eine ganz wichtige Frage zu beantworten, die sich bei den kleinen und großen Veränderungen des Lebens immer wieder stellt: Was können wir tatsächlich ändern, und was müssen wir als unveränderlich hinnehmen?

HINNEHMEN
ODER EINFLUSS NEHMEN?

Wenn in Ihrem Leben gewollte oder ungewollte Veränderungen
anstehen, kennen Sie bestimmt diesen Zustand: In Ihren Gedanken
spielen Sie in dichter Abfolge die unterschiedlichsten Szenarien ab, was
jetzt passieren könnte oder müsste. Bilder, Erinnerungen, Fantasien
tauchen auf, und auch die Gefühle sind noch ganz unsortiert. Mehr
oder weniger angespannt überlegen Sie, wie Sie es hinbekommen
sollen, dass die Sache für Sie gut ausgeht oder sich Ihre jetzige Situation
sogar verbessert. Das ist Ihr gutes Recht und sinnvoll – solange es
überhaupt irgendeine Möglichkeit gibt, auf das Geschehen Einfluss zu
nehmen. Es muss zumindest eine minimale Chance vorhanden sein,
dass Sie etwas beeinflussen können, denn – so bitter es auch klingen
mag: Sie vergeuden sonst mit Ihren Planungen Zeit und Energie. Der
amerikanische Theologe und Philosoph Reinhold Niebuhr hat es
einmal in einem wunderbaren Gebet so ausgedrückt: »Gott, gib mir die
Gelassenheit, Dinge hinzunehmen, die ich nicht ändern kann, den Mut,
Dinge zu ändern, die ich ändern kann, und die Weisheit, das eine von
dem anderen zu unterscheiden.«

AUF DIE HALTUNG KOMMT ES AN

Der wichtigste Gestaltungsspielraum steht uns unter allen Umständen
offen: Wir können es immer beeinflussen, wie wir zu den Erfahrungen,
stehen wollen, die wir in unserem Leben machen. Wir können unsere
Haltung dazu gestalten. Viktor Frankl, österreichischer Neurologe und
Psychiater, hat das sinngemäß so gesagt: Man kann einem Menschen
alles wegnehmen, außer einer Sache – die Freiheit, die eigene Einstellung zu jeder gegebenen Situation selbst zu wählen.

Die Einstellung den Dingen gegenüber ist besonders wichtig, wenn man tatsächlich überhaupt keine anderen Einflussmöglichkeiten hat und man Veränderungen hinnehmen muss. Jeder von uns muss einen Weg entwickeln, um mit dem, was man wirklich nicht ändern kann, seinen Frieden zu machen. Dies ist eine große Aufgabe und erfordert manchmal unsere ganze menschliche Reife.

IRRTÜMER ÜBER SICH SELBST AUSRÄUMEN

Zuweilen verstellt uns aber auch die eigene Einstellung den Blick auf das, was möglich ist. Vielleicht haben Sie schon einmal die Erfahrung gemacht, dass Sie zunächst dachten, Sie könnten an einer bestimmten Situation, in der Sie sich gerade befanden, beim besten Willen nichts ändern. Zähneknirschend fügten Sie sich ins Bild ein und verstummten. Doch nach einer Weile kam Ihnen eine zündende Idee, plötzlich war wieder Land in Sicht, und Sie wussten, welche Hebel Sie in Gang setzen mussten und konnten, um etwas zu verändern. Wissen Sie noch, wie lange Sie gedacht haben, Sie könnten nichts tun und müssten die Situation über sich ergehen lassen?

Unsere ganze Lebensperspektive kann durch einen solchen Irrtum gefiltert werden. Man kann unbewusst die Überzeugung in sich tragen, dass man nur wenig oder die äußeren Umstände seines Lebens absolut nicht ändern oder beeinflussen kann. Das ist natürlich in den allermeisten Fällen nicht so. Daher fallen innere und äußere Realität auseinander. Man steht sich selbst im Weg, ohne es zu merken. Erkennbar ist dies allerdings an Ausdrücken wie »Da kann man nichts machen«. Dieser Gedanke schwächt unsere Ideen und unsere Tatkraft, wenn er aus einer gewissen Resignation kommt. Er wird dann zu einem regelrechten Hindernis für die eigene Lebensgestaltung.

Meistens sind mit dieser Überzeugung auch noch andere persönliche Entwicklungsthemen verknüpft, die man sich ruhig etwas genauer anschauen sollte: ein wenig belastbares Selbstvertrauen, die Angst vor dem Scheitern oder einfach Bequemlichkeit. Sollten Sie bemerken, dass

Sie sich eigentlich etwas mehr zutrauen könnten, als Sie dies normalerweise tun, dann nehmen Sie diesen Gedanken ernst. Vertrauen Sie Ihren Fähigkeiten, und stellen Sie Ihr Licht nicht unter den Scheffel! Und achten Sie darauf, wie und wo dieses Gefühl von Ohnmacht Ihnen in die Quere kommt. Auch ein Gespräch mit einem guten Freund oder gegebenenfalls eine psychologische Beratung können helfen, bestimmte Denk- und Handlungsmuster zu entwirren.

SICH VON SINNLOSEN KÄMPFEN ENTLASTEN

Der Gedanke »Da kann man nichts machen« muss aber nicht unbedingt Ausdruck von Resignation und steigerungsfähigem Selbstvertrauen sein, sondern die realistische Erkenntnis der eigenen Machtlosigkeit in einer bestimmten Situation.

Machtlosigkeit ist nicht das Gleiche wie eine Niederlage. Denn es gibt für jeden von uns Situationen im Leben, da haben wir keine Möglichkeiten, die äußeren Tatsachen zu verändern. Wer sich eingesteht, dass er an einer bestimmten Stelle wirklich nichts (mehr) ändern kann, befreit sich von einem sinnlosen Kampf und unrealistischen Ansprüchen an sich selbst, in die er sich sonst vielleicht verrannt hätte. Ernüchtert, aber auch entlastet stellt man fest: »Da kann man wirklich nichts machen. Ich kann mir meine Kräfte sparen.«

GEMEINSAM ETWAS BEWIRKEN

Es gibt viele Situationen, in denen braucht man die notwendige innere und äußere Gestaltungsmacht, um etwas zu verändern. Ich denke hier beispielsweise an Arbeits- und Organisationsstrukturen in Unternehmen. Einzelne Mitarbeiter können daran normalerweise nicht viel ändern, auch wenn sie dies manchmal gerne täten. Allerdings: Wenn man auch im Alleingang nichts ändern kann, so eröffnen sich vielleicht durch den Zusammenschluss mit anderen neue Möglichkeiten. Wer etwas verändern will, muss nicht immer als Einzelkämpfer agieren, sondern braucht manchmal Gleichgesinnte oder Verbündete.

In einem solchen Zusammenschluss lassen sich wichtige Qualitäten bündeln, die für Veränderungen gebraucht werden: Status, fachliche Kompetenz, finanzielle Möglichkeiten, Charme, Kommunikationsfähigkeiten, Verhandlungsgeschick und Kreativität. Im Idealfall entsteht ein Zustand, der die Gruppe in die Lage versetzt, klügere Ideen zu entwickeln und nachhaltiger Einfluss zu nehmen, als man es könnte, wenn jeder für sich allein agierte.

Außerdem kann eine starke Gruppe auch anderen helfen, voranzukommen. Es gibt unzählige Organisationen, in denen sich Menschen zusammentun, um aus altruistischen Gründen andere zu unterstützen. Es ist wohl wirklich so, dass die tiefe Sehnsucht, glücklich zu sein und in Frieden zu leben, das verbindende Element zwischen allen Lebewesen ist. Daher kann es uns glücklich machen, wenn wir anderen helfen, ihrer Not zu entkommen und ein besseres Leben zu führen. Der große buddhistische Dichter Shantideva schrieb bereits im 7. Jahrhundert: »Da wir doch beide – ich und die anderen – gleich sind, weil wir nach Freude streben, was ist so einzigartig an mir, dass ich nach meinem alleinigen Glück trachte?«

WAS SICH NICHT ÄNDERN LÄSST

Schauen wir uns noch einmal genauer an, welche Tatsachen sich unter keinen Umständen ändern, sondern nur hinnehmen lassen. Dazu gehört beispielsweise unser individuelles Alter (siehe dazu Seite 68). Noch viel weniger lässt sich mit unserer Sterblichkeit feilschen. Wir können uns nur respektvoll vor ihr verneigen. Wir leben heutzutage zwar im Durchschnitt wesentlich länger als die Menschen in früheren Zeiten. Doch letztlich sind wir als Lebewesen genauso sterblich geblieben, wie wir es immer waren. Es gehört zu den buddhistischen Weisheitsübungen, über diese Tatsache täglich zu reflektieren, bis wir die Kostbarkeit jedes Atemzugs spüren und den dringenden Wunsch entwickelt haben, unsere Zeit möglichst gut zu nutzen.

DIE VERGANGENHEIT LOSLASSEN

Vieles, worüber wir nachdenken, liegt in der Gegenwart oder in der Zukunft. Doch auch die Vergangenheit holt manche Menschen immer wieder ein, und sie verfallen ins Grübeln. Aber: Nichts von dem, was zeitlich schon hinter uns liegt, können wir noch ändern. Daher hören wir am besten noch heute auf, uns eine andere Vergangenheit zu wünschen. Auch unser Geburtsort und die Familie, in die wir geboren wurden, gehören zu den Dingen, die wir nicht ändern können. Die Umstände, unter denen ein Kind aufwächst, stehen ihm nicht zur Auswahl. Leider hadern manche Menschen auch als Erwachsene noch jahrelang mit kränkenden Erfahrungen und bleiben lange Zeit untröstlich wegen ihrer Herkunft, ihrer Kindheit oder ihrer Familie.

Mag auch die Empörung einer früh gekränkten Seele nur allzu verständlich sein – es ist unmöglich, seine Familie oder auch nur ein einziges ihrer Mitglieder zu ändern. Letztendlich würde das eigene Herz dadurch auch nicht zur Ruhe kommen.

Es hat nicht einmal Sinn, darauf zu warten, dass sich einzelne Familienmitglieder für ihr Verhalten entschuldigen. Unsere Seele findet nur Frieden in sich selbst. Reichlich Trauer um das Geschehene und tiefes Mitgefühl können auf dem Weg der Heilung liegen. Die Vergangenheit kann dann endlich zur Ruhe kommen, und unser Herz erinnert sich an die Liebe und die Freiheit, die es als innerste Essenz in sich trägt.

»Die Ehrfurcht vor der Vergangenheit und die Verantwortung gegenüber der Zukunft geben fürs Leben die richtige Haltung.«

DIETRICH BONHOEFFER | DEUTSCHER THEOLOGE

Akzeptieren, was geschehen ist

Diese Meditation hilft Ihnen dabei, bewegende oder etwas schmerzliche Erfahrungen, die Sie gemacht haben, mitfühlend anzunehmen. (Bitte keine traumatische Erfahrung auswählen.) Planen Sie circa 15 Minuten ein.

- Setzen Sie sich in eine angenehme, aufrechte Haltung.
- Achten Sie auf Ihre Atmung und spüren Sie den Rhythmus des Ein- und Ausatmens.
- Denken Sie nun für einen Moment an die Situation, die Sie noch nicht loslassen können, weil die Ereignisse Sie noch beschäftigen.
- Nehmen Sie wahr, welche Empfindungen dazu im Körper spürbar werden und welche Gefühle da sind – ohne diese zu bewerten.
- Lassen Sie sich weicher werden. Akzeptieren Sie Ihre Gefühle, so gut es geht, und atmen Sie ruhig und entspannt.
- Wenn Sie bereit sind, gehen Sie den nächsten Schritt, um Ihre Erfahrungen noch tiefer anzunehmen: Stellen Sie sich vor, dass Sie mit dem nächsten Atemzug alles, woran Sie noch hängen, sanft bis in Ihre innere Mitte einatmen. Lassen Sie dabei mögliche Widerstände nach und nach los und öffnen Sie sich behutsam.
- Bei der Ausatmung stellen Sie sich vor, dass sich von Ihrer inneren Mitte her Liebe und Mitgefühl ausbreiten. Nach und nach wandelt sich Ihre Haltung in tiefe Akzeptanz. Sie akzeptieren Ihre Gefühle. (Das muss nicht bedeuten, dass Sie das, was geschehen ist, auch gutheißen.)
- Atmen Sie ruhig. Legen Sie Liebe und Mitgefühl in jede Ausatmung und spüren Sie, wie diese Gefühle stärker werden.
- Atmen Sie ruhig und entspannt, bis Ihre Seele zur Ruhe kommt.

Den Anfang wagen

Anfänge haben oft etwas Magisches:
Es geht eine knisternde Energie von ihnen aus,
die uns fasziniert und für neue Erfahrungen öffnet.
Aufregend und spannend kann eine Anfangsphase
daher sein, doch bringt sie manchmal auch
Zweifel und Unsicherheit mit sich. Wenn wir aber
lernen, uns mit Gefühlen und Gedanken auseinan-
derzusetzen und Ängste zu tolerieren, werden wir
gelassener durch einen Neuanfang gehen.

DAS NEUE
WILLKOMMEN HEISSEN

Ebenso wie wir uns von etwas Altem respektvoll verabschieden und es loslassen, können wir etwas Neues respektvoll begrüßen und uns darauf einlassen. Ganz gleich, ob es eine erfreuliche Sache ist, die jetzt in unser Leben kommt, oder eine Angelegenheit, die wir uns lieber erspart hätten, oder etwas, aus dem wir noch nicht ganz schlau werden: Wir können uns für jede neue Situation von Moment zu Moment öffnen, um mit genau dem umzugehen, was das Leben uns gerade vor die Füße legt. »Das menschliche Dasein ist ein Gasthaus. Jeden Morgen ein neuer Gast«, schrieb der islamische Mystiker Rumi. Und egal, wer kommt – Freude oder Sorgen –, »behandle jeden Gast ehrenvoll«.

EINE ZEIT DES WERDENS

Anfangsphasen verlaufen meist nicht ganz mühelos. Es wäre auch ein Irrtum, davon auszugehen, dass eine Entwicklung von Beginn an geradlinig und kraftvoll verlaufen muss. Sie kann ebenso durch eine verschlungene, holprige oder sogar dramatische Startphase gehen. Viele Dinge werden erst nach einer Weile stabil, belastbar und beständig. Technische Geräte oder Fahrzeuge in der Erprobungsphase zum Beispiel sind häufig noch störanfällig. Ebenso sind neue Ideen, Theorien oder Gesetzesentwürfe nicht von Anfang an ausgereift. Sie müssen intensiv diskutiert werden. Dadurch werden sie klarer und nachhaltiger, denn die Auseinandersetzungen und Diskussion decken Widersprüche und Irrtümer auf oder liefern Ergänzungen – bis der Entwurf dann schließlich rund ist.

Gerade ganz zu Beginn einer Anfangsphase sind die Dinge noch besonders empfindlich und verletzlich. Sie kommen ja gerade erst ins

Sein. Diese Anfälligkeit ist aber auch mit einem fast verträumten Zustand verbunden, einer besonderen Zartheit, der oft eine rührende Unschuld inneliegt. Neugeborene zum Beispiel haben diesen Zauber des Erwachens an sich.

Wenn wir etwas Neues anfangen, sollten wir daran denken, dass die Dinge ihre Zeit brauchen, um zu wachsen. Sie stehen am Anfang und stecken noch eine ganze Weile »in den Kinderschuhen«.

DIE VIER JAHRESZEITEN
Es grünt und sprießt im Frühling

Dass jedem Anfang ein Zauber innewohnt, wie es der Dichter Hermann Hesse ausdrückte, erleben wir deutlich, wenn im Frühjahr die Natur erwacht und die ersten Blumen erblühen. Die allgemeine Stimmung hebt sich spürbar. Der Mai gibt dann wahren Anlass zur Freude, weil die heimischen Laubbäume sich erneut ein zartes grünes Blätterkleid zulegen. Gerade in den ersten vier Wochen ist das junge Grün von einer hellen Frische, die es eben nur in dieser Anfangsphase gibt.

Der Frühling ist die Zeit des Aufbruchs: Aus den Samen, Kernen und Zwiebeln sprießen mit neu erwachender Lebenskraft die jungen Keimlinge und finden aus dem Dunkel ihrer unterirdischen Winterquartiere hinaus ins vielversprechende Sonnenlicht. Auf immer wieder verblüffende Weise entwickeln sich aus den unscheinbaren kleinen Botschaftern des vergangenen Jahres farbenprächtige Pflanzen. Ein neuer Lebenszyklus nimmt seinen Lauf. Hat es jemals Stillstand gegeben? Im Frühling, nach der Winterruhe, wird uns mehr als sonst bewusst, dass alles im Wandel ist.

ANFANGEN HEISST SICH EINLASSEN

Sich einzulassen kann genauso beglückend, aber auch ebenso schwierig sein wie das Loslassen. Es kann ebenfalls Angst machen. Wer sich einlässt, wendet sich einem anderen Menschen oder einer Sache oder sich selbst zu. Er entwickelt ein echtes Interesse und öffnet sich für eine Verbindung. Doch selbst wenn wir es uns wünschen, uns einlassen zu können – vielleicht, weil wir einen Menschen getroffen haben, der uns fasziniert und sich eine neue Partnerschaft anbahnt –, kann es eine gewisse Herausforderung sein, sich für den innigen Kontakt zu öffnen. Manchmal braucht man etwas Zeit und Geduld, um Vertrauen zu fassen und das starke Gefühl für den anderen zuzulassen. Warum die Sache überstürzen? Wir können uns Zeit geben, die geistigen und emotionalen Bereiche des Sich-Einlassens ebenso zu erkunden wie die körperlichen und spirituellen Ebenen.

Auch auf einen neuen Job muss man sich einlassen, um ihn ganz auszufüllen. Es nützt niemandem, wenn man nur mit halber Kraft antritt oder gar einige Hintertürchen offen lässt, um schnell wieder aus einer Stelle herauszukommen. Gerade in Führungspositionen stellt man sich (idealerweise) in den Dienst des Unternehmens oder der Organisation und seiner Mitarbeiterinnen und Mitarbeiter. Mit nachhaltigem Erfolg schafft man dies nur, wenn man sich mit einer gewissen Klarheit und Menschenfreundlichkeit ganz darauf einlässt.

SICH MIT ANFÄNGERGEIST HINGEBEN

Es ist erfrischend, wie unbekümmert viele Jugendliche und junge Erwachsene mit ihren Ideen hantieren, um etwas Neues in die Welt zu bringen. Die Freude am Spielen und Experimentieren zeigt ihre schöpferische Energie. Ein Mensch, der die Freude an Anfängen nicht vergisst, bleibt neugierig und jung bis ins hohe Alter.

In der Zen-Praxis nennen wir dies den »Anfängergeist«. Es ist die wunderbare Frische und Neugier, die sich mit der Achtsamkeitspraxis verstärkt und unser Herz und unseren Geist wach hält. Der Anfängergeist ist schon durch Kleinigkeiten leicht zu erfreuen, denn er ist frei von behäbigem Wissen. Er ruht im Nichtwissen und ist an allem interessiert. Wie ein Kind will er sich von den Dingen berühren lassen und am liebsten alles anfassen. Was ihn allerdings lähmen kann, ist die Angst, Fehler zu machen.

AN FEHLERN WACHSEN

Unsere Angst vor dem Scheitern kann die besten Ideen durchkreuzen. Viele Menschen, die etwas in ihrem Leben verändern möchten oder müssen, zögern, mutig den ersten Schritt zu machen und die Risiken einzugehen, die Veränderungen nun einmal mit sich bringen. In Anfangsphasen fühlt man sich meist unsicher, ob man alle wichtigen Fragen richtig im Blick hat, und man zweifelt, ob man die Herausforderungen erfolgreich meistern wird.

Es stimmt: Fehler könnten sich einschleichen. Denn wenn man Neuland betritt, ist das immer eine Rechnung mit vielen Unbekannten, und Fehleinschätzungen sind dabei nicht ausgeschlossen. Was rief Christoph Kolumbus aus, als er 1492 Amerika entdeckte? »Indien!« Das Leben in seiner unergründlichen, tief verschlungenen Vielschichtigkeit ist nicht beherrschbar, auch wenn wir es vielleicht gelegentlich gerne so hätten. Es ist nie ausgeschlossen, dass unsere besten Pläne noch in letzter Sekunde durchkreuzt werden. Doch sollte man deswegen die Finger davon lassen, sein Leben zu gestalten? Die Weisen raten uns, mutig unseren Weg zu gehen, aber demütig vor der Unermesslichkeit des Lebens zu bleiben.

Neue Wege brauchen also etwas Mut, um sie zu beschreiten. Dabei müssen wir es hinnehmen, dass jeder von uns Fehler macht. Man kann es vermasseln. Viele Patzer lassen sich allerdings auch durch gründliche Planung und kompetente Beratung vermeiden. Vorhersehbare Fehler sollten wir also möglichst ausschließen – und dennoch: Selbst diese passieren immer wieder, weil niemand von uns perfekt ist.

FALLEN HEISST WIEDER AUFSTEHEN

Wir brauchen auch Mut, um dazu zu stehen, wenn wir etwas in den Sand gesetzt haben. Aber gerade das ist für viele Menschen so schwierig, weil sie fürchten, getadelt oder in irgendeiner Form bestraft zu werden. Man fühlt sich schlecht, beschämt und schuldig. Wir haben bisher keine wirklich innovative Fehlerkultur entwickelt, die es uns erlauben würde, konstruktiv und lernbegierig mit Irrtümern und Rückschlägen umzugehen. Stattdessen agieren wir immer noch wie in Kaiserzeiten und fürchten uns vor dem Zorn der Obrigkeit und sozialer Ausgrenzung, wenn wir mit einem Vorhaben gescheitert sind.

Ich hatte das Glück, während der Präsidentschaft von Nelson Mandela zwei Jahre in Südafrika zu verbringen. Mandela, der in seinem Leben durch zahllose Rückschläge, Verrat und aussichtslose Situationen gegangen ist, sagte einmal: »Der größte Ruhm im Leben liegt nicht darin, nie zu fallen, sondern darin, jedes Mal wieder aufzustehen.« An dieser starken Haltung können wir uns orientieren und sehr viel von Menschen lernen, die mit Mut und stiller Zuversicht durch Veränderungen, Verluste und Krisen gegangen sind. Keiner von ihnen hat je behauptet, keine Angst gehabt zu haben. Aber sie haben sich trotzdem nicht entmutigen lassen und ihre Träume nicht der Angst geopfert.

SICH VOM INNEREN DRUCK ENTLASTEN

Menschen, die etwas Neues in ihrem Leben aufbauen wollen oder müssen, setzt die Angst vor dem Scheitern manchmal zu sehr unter Erfolgsdruck. Man spannt sich an und ist darauf aus, alles von Anfang an richtig zu machen. Hier spricht die furchteinflößende Stimme der eigenen übertriebenen Leistungserwartung: »Streng dich mal an«, sagt sie und: »Pass bloß auf, dass nichts schiefgeht.«

Versuchen Sie, sich in Umbruchzeiten und bei Neuanfängen nicht von Ihrem Perfektionismus unter Druck setzen zu lassen. Niemand kann den derart überhöhten Ansprüchen gerecht werden. Schon der Versuch, es zu schaffen, beeinträchtigt die Effektivität Ihres Arbeitsstils.

Perfektionismus schadet

Um eine Sache wirklich 100-prozentig perfekt hinzubekommen, verbraucht man in der Regel für die letzten 10 bis 20 Prozent unverhältnismäßig viele Ressourcen. Dies ist nur im Ausnahmefall gerechtfertigt, etwa wenn es um chirurgische Eingriffe geht oder um Sicherheitsfragen. In vielen anderen Fällen erreicht man mit Perfektionismus gar nichts. Es gibt dazu eine persische Geschichte, in der die Schüler ihren Meister fragen, warum er nie geheiratet habe. Nach kurzer Überlegung antwortet dieser, an ihm habe es nicht gelegen. Er habe viele Jahre nach der perfekten Frau für sich gesucht. Sie sollte vor allem schön und intelligent sein. Schließlich habe er sie sogar gefunden. Er sei so glücklich gewesen, weil sie perfekt war. »Und warum hast du sie dann nicht geheiratet?«, fragt einer der Schüler. Da seufzt der Meister und antwortet: »Das wollte ich. Das Problem war: Sie suchte den perfekten Mann.«

Auch die bange Frage, wie das soziale Umfeld reagieren wird, gehört zur Angst vor dem Scheitern. Die anderen könnten sich abwenden, lästern oder vorwurfsvoll reagieren, sobald sie von dem Misserfolg erfahren. Keine schöne Vorstellung, denn gerade dann brauchen wir doch deren Trost und Ermutigung am dringendsten – wie ein Fußballspieler, der im entscheidenden Moment ein Tor vergeigt. In einer starken Mannschaft schnauzen die Teamkollegen den Pechvogel nicht an, sondern ermutigen ihn weiterzuspielen, denn sie wissen, dass jedem von ihnen ein ähnlicher Fehler passieren kann.
Von Menschen, die uns nahe sind, dürfen wir nach einer Niederlage Zuspruch erwarten. Vertrauen Sie darauf, dass Sie nicht automatisch in Ungnade fallen, weil es mit dem neuen Partner, dem neuen Job doch nicht geklappt hat. Ebenso sollten wir selbst nicht schadenfroh sein, wenn jemand eine Bruchlandung macht, sondern mitfühlend bleiben.

EINE KONSTRUKTIVE UND VERANTWORTUNGSVOLLE FEHLERKULTUR ENTWICKELN

Für einen Fehler verantwortlich zu sein ist eine Erfahrung, die man im Laufe seines Lebens mehr als einmal durchmacht. Wohlgemerkt, es ist eine Erfahrung, aber nicht ein Persönlichkeitsmerkmal. Dinge gehen schief, man schafft es nicht oder erleidet sogar einen schmerzhaften Misserfolg. Ich meine, wir sollten uns für diese Erfahrungen nicht selbst als »Versager« bezeichnen und in Selbstvorwürfen versinken. Besser wäre es doch zu denken: »Da habe ich einen Fehler gemacht. Damit fühle ich mich nicht sehr gut. Deshalb will ich wissen, wie es passiert ist. Was kann ich daraus lernen? Wie kann ich diesen Fehler in Zukunft vermeiden?« Das wäre ein konstruktiver und mitfühlender Umgang mit Fehlern und der erste Schritt hin zu einer ermutigenden und lernorientierten Fehlerkultur. Entscheidend ist, was wir über das Fehlermachen denken. Lassen wir uns von einer negativen Sicht leiten und der Frage, wen die Schuld an dem Schlamassel trifft? Oder versuchen wir, dem Fehler einen Sinn zu geben und ihn in eine Quelle für Wachstum und Innovation umzuwandeln? Dann können aus Fehlern sogar neue Ideen und Lösungen entstehen, an die man bis dahin nicht gedacht hat.

Natürlich gibt es Fehler, die uns sehr leidtun, weil sie andere in Mitleidenschaft ziehen. Dafür müssen wir dann Verantwortung übernehmen. Das heißt, wir erkennen ohne Wenn und Aber unseren Anteil am Geschehen an und machen den Schaden, soweit es geht, wieder gut.

VERSÖHNLICH MIT SICH SELBST UMGEHEN

Meistens hadert man mit sich selbst am meisten, wenn einem ein Missgeschick passiert ist. Selbstmitgefühl (siehe Seite 28) kann auch diese Wogen glätten. Wir können für einen Moment tief durchatmen und unser Herz etwas gnädiger und versöhnlicher stimmen. Sobald man aufhört, sich selbst anzuklagen, kann man voller Mitgefühl seinen eigenen emotionalen Schmerz wahrnehmen und sich verzeihen.

GEFÜHLE IN
VERÄNDERUNGSPROZESSEN

Gefühle begleiten unser ganzes Leben. In Veränderungsprozessen haben wir es meistens mit vielen wechselnden und widersprüchlichen Gefühlen zu tun. Denn auf eine neue Situation reagiert man zuallererst aus dem Bauch heraus. Das hat natürlich seinen Sinn, ist aber auch anstrengend, wenn das Nervenkostüm ohnehin gerade blank liegt. Auf den folgenden Seiten möchte ich mit Ihnen einige der häufigsten Gefühle, mit denen wir es in Veränderungsprozessen zu tun haben, untersuchen und überlegen, wie man klug und akzeptierend mit ihnen umgehen kann, um seine Kräfte zu sparen und einen möglichst klaren Kopf zu behalten.

GEFÜHLSSTARKE SITUATIONEN

Jeden Tag trifft uns eine Vielzahl von Erfahrungen. Denken Sie nur daran, wie häufig Sie Anerkennung oder Ablehnung erleben, sich in Konflikten behaupten müssen oder auch glückliche und inspirierende Momente mit anderen erleben. Jede Situation erzeugt ganz unterschiedliche Reize, auf die wir üblicherweise zuerst emotional reagieren. Die Gefühle sind dabei nicht immer laut und heftig. Sie halten sich durchaus auch oft im Hintergrund. Es gibt jedoch mindestens drei große Bereiche, in denen unsere Gefühle deutlich hervortreten.

→ **In Gefahr**: In Situationen, die wir als bedrohlich erleben, kann es zu heftigen Gefühlsausbrüchen kommen, beispielsweise Angst, Panik, Ärger, Wut oder Ekel.

→ **Bei Schaffensdrang**: In Situationen, die unsere Kreativität und unseren Leistungswillen beflügeln, kann schon jeder kleine Teilerfolg große Glücksgefühle auslösen.

→ **In Beziehungen**: Soziale Interaktionen können starke Gefühle aus-
lösen. Wir erleben zum Beispiel Scham, Schuld, Neid, Eifersucht oder
Rachegefühle bei sozialem Fehlverhalten und Liebe, Zuneigung, Trost,
Ermutigung, Vertrauen oder Freude, wenn wir uns zugehörig fühlen.

DIE SPRACHE DER BEDÜRFNISSE

Gefühle – egal in welchem Bereich – haben oft mit unseren Bedürfnissen zu tun. Sie lösen regelmäßig Handlungsimpulse aus, die darauf
abzielen, unsere Bedürfnisse zu erfüllen und zu schützen.

→ **Angst** macht beispielsweise darauf aufmerksam, dass das individuelle
Bedürfnis nach Schutz vor Gefahren nicht ausreichend erfüllt ist, und
löst den Handlungsimpuls aus, sich in Sicherheit zu bringen.

→ **Unzufriedenheit** kann auf das vernachlässigte Bedürfnis nach persön-
lichem Wachstum hinweisen und den Impuls auslösen, sich nach neuen
Möglichkeiten und Herausforderungen umzuschauen.

→ **Trauer** hilft uns, loszulassen und Abschied zu nehmen.

→ **Freude** und die Aussicht auf Lustgewinn können einen regelrechten
Energieschub für mutige, vorwärtsgerichtete Veränderungsschritte
begünstigen.

ACHTSAM WAHRNEHMEN UND AKZEPTIEREN

Gefühle gehören zu unserem Leben. Wir können es lernen, uns auch
in Zeiten des Umbruchs und der Veränderungen im Leben für sie zu
öffnen, um feinfühlig und klar mit ihnen umzugehen. Häufig sind es
auch gerade die Gefühle, die uns helfen können, Entscheidungen so zu
gestalten, dass sie wirklich für uns stimmig sind.

Sich seinen Gefühlen gegenüber offen zu zeigen ist ein wichtiger
Schritt, wenn wir Lebensveränderungen meistern wollen. Neben dieser
Achtsamkeit für Gefühle ist es jedoch auch bedeutsam, ihnen gegenüber eine bewusste und akzeptierende Haltung zu entwickeln. Die
folgende Übung hilft Ihnen dabei, ein Gefühl zu erkennen, zu benennen und anzunehmen.

Gefühle achtsam tolerieren

Halten Sie einen Moment inne, richten Sie die Achtsamkeit in den Körper und untersuchen Sie ruhig und aufmerksam:

- Welche Gefühle können Sie im Moment wahrnehmen?
- Können Sie diese mit einfachen Worten benennen – Ärger, Enttäuschung, Freude, Angst? Fügen Sie keine Interpretationen und Geschichten hinzu, sondern bleiben Sie bei der neutralen Bezeichnung.
- In welchen Körperbereichen ist das Gefühl spürbar? Wo nicht? Was sagt Ihre Mimik? Manche Gefühle sind sehr fein und nicht so leicht wahrzunehmen.
- Welche Haltung haben Sie gegenüber Ihrer aktuellen Gefühlslage? Können Sie sie tolerieren oder möchten Sie, dass einzelne Gefühle sich ändern?
- Wie verändert sich Ihre Toleranz, wenn Sie den Gefühlen gegenüber bewusst eine freundliche, selbstmitfühlende Haltung einnehmen?

Bleiben Sie offen gegenüber allen Gefühlen. Es sind vorübergehende Erfahrungen, die wir weder festhalten noch wegschieben können.

WENN DAS IDENTITÄTSGEFÜHL SICH UMBAUEN MUSS

Solange unser Leben ruhig und stabil verläuft, ist es meistens auch in unserer emotionalen Welt nicht besonders stürmisch. Unsere Identität hat sich ganz in die bestehende Lebenslage eingepasst und ist daher relativ sicher und stabil. Man hat das Gefühl, sich auszukennen. Auf dem Rad des Wandels (siehe Seite 24/25) liegen solche Zeiten vor allem in der mittleren Phase (ab Seite 123), die eine Zeit verstärkter Konsolidierung, Identität und Sicherheit darstellt. Man ist mit den bestehenden

Rahmenbedingungen vertraut, empfindet sie als »normal« und ist mit seiner Umgebung in gewisser Weise zusammengewachsen. Nimmt unser Leben nun eine Wende (Geburt eines Kindes, Umzug, Jobwechsel, Trennung, Tod eines Angehörigen …), löst man sich aus der dicht gewachsenen Verflechtung mit seiner bisherigen Umgebung. Dadurch verschiebt sich auch unser inneres Identitätsgefüge, das sich ja mit dem, was bekannt und vertraut ist, verbunden hat. Das bedeutet: Die Veränderung entwurzelt uns ein wenig, und wir nehmen vorübergehend die neue Situation und uns selbst als fremd wahr.

Natürlich mag es sein, dass Ihr Selbstvertrauen so groß ist, dass Sie entspannt sind und sich einfach nur auf neue Erfahrungen freuen. Meistens aber ist es so, dass wir am Anfang etwas unsicher in der neuen Umgebung agieren. Man braucht Zeit, um erneut Wurzeln zu schlagen und sich emotional wieder sicher zu fühlen. Der Bereich unserer Identität, der durch regelmäßige Kontakte im Alltag geprägt und stabilisiert wird, muss sich umbauen.

Gerade in dieser noch nicht wieder gefestigten Zeit gehen aber auch die Emotionen schnell hoch. Vorübergehend mag sich eine gewisse Trauer ausbreiten, weil wir einen Teil unserer bisherigen Identität aufgeben mussten. Auch Freude über den Neuanfang kann eine Zeit lang das vorherrschende Gefühl sein. Oder Angst macht sich bemerkbar: »Wie wird sich mein Leben in der neuen Umgebung entwickeln?«

ANGST IM WANDEL

Ich habe die Teilnehmerinnen und Teilnehmer eines Seminars zum Thema Wandel befragt, welche Ängste sie aus eigener Erfahrung im Zusammenhang mit Veränderungsprozessen in ihrem Leben kennen.

→ **Anfangsphase**: Mich ergreift die Angst, wenn ich daran denke, was alles schiefgehen kann, … dass ich es nicht schaffe, … dass ich mich auf die falsche Sache einlasse und dann plötzlich in der Falle sitze, … dass ich richtig erfolgreich bin – ich weiß gar nicht, ob ich das will.

- → **Mittlere Phase**: Ich fürchte mich davor, einen Fehler zu machen und alles wieder zu verlieren, … vor Neidern, die mir den Erfolg nicht gönnen, … davor, dass ich das Niveau, das ich einmal erreicht habe, nicht halten kann.
- → **Abschlussphase**: Ich habe Angst davor, wie es ist, nicht mehr dazuzugehören, … dass ich erlebe, auf einmal völlig unwichtig zu werden, … vor dem Moment des Abschieds, vor allem. dass ich dabei sehr emotional werde und nicht weiß, wie ich damit umgehen soll.
- → **Zwischenphase:** Mich ängstigt die Vorstellung, niemand zu sein, wenn ich nichts mache, … dass alle mich fragen, was ich jetzt tun werde und ich keine Antwort darauf weiß, … dass es mir hier zu gut gefällt und ich faul und bequem werde, … dass ich in dieser Zeit krank werde und nichts Neues mehr kommt.

ÜBUNG

Was macht mir Angst?

Nehmen Sie für einen Moment innerlich etwas Abstand von Ihrer Lebenssituation und versuchen Sie, die Themen zu benennen, die Sie beunruhigen. Am besten machen Sie sich dazu eine eigene Liste in Ihr Notizbuch. Versuchen Sie dabei, so genau wie möglich zu formulieren und einzugrenzen, um was es geht.

Statt eine Liste anzulegen, können Sie auch den folgenden Satzanfang ergänzen: »Wenn ich an die bevorstehenden Veränderungen denke, dann

- habe ich Sorge, dass …
- mache ich mir Gedanken, ob …
- bekomme ich Herzklopfen bei dem Gedanken ….«

VERSTECKTE ANGST ENTSCHLEIERN

Wie nachvollziehbar diese ganz unterschiedlichen Ängste und Sorgen sind! Doch wie sollen wir mit ihnen umgehen? Zunächst einmal geht es darum, die Angst überhaupt zu spüren und sie anzuerkennen (siehe Seite 99). Das ist nicht immer ganz leicht, weil sie von Natur aus eine unangenehme Emotion ist, von der man sich eigentlich wünscht, dass sie gar nicht erst kommt oder so schnell wie möglich wieder verschwindet. Angst lässt den Eindruck entstehen, dass sich alles verengt. Der Körper spannt sich an, der Atem ist gepresst, das Herz wird bange, und die gedankliche Perspektive wird unflexibel, als trüge man Scheuklappen. Je länger dieser Zustand dauert, desto mehr nagt er am Selbstvertrauen, und man fühlt sich irgendwie hilflos und bisweilen wie gelähmt. Es ist eine Kunst, das Angstgefühl nicht zu bekämpfen, sondern es zu untersuchen, um es genauer zu verstehen. Angst zeigt sich außerdem in außerordentlich vielen Facetten. Mal ist sie direkt spürbar, etwa in Form von Schaudern, Zittern oder Lampenfieber. Mal zeigt sie sich in Gestalt von Schüchternheit, Vorahnung oder Sorge und hüllt sich damit in einen Schleier, durch den man sie nur undeutlich erkennt. Gelegentlich schiebt sich auch eine andere Emotion vor die Angst: Wut, Neid oder Eifersucht nehmen unsere Aufmerksamkeit so stark ein, dass wir die Angst zunächst überhaupt nicht wahrnehmen.

»Das älteste und stärkste Gefühl ist Angst, die älteste und stärkste Form der Angst ist die Angst vor dem Unbekannten.«

H. P. LOVECRAFT | US-AMERIKANISCHER SCHRIFTSTELLER

Verborgene Angst

Vanessa war neidisch auf eine kompetente Kollegin. Heimlich beobachtete sie jeden ihrer Schritte, die sie im Stillen kommentierte. Manchmal vernachlässigte sie sogar ihre eigene Arbeit, weil sie so fixiert war auf die Kollegin. Als diese einen Karrieresprung innerhalb des Unternehmens machte, war Vanessa wütend und empört. Im Coaching entdeckte sie, dass sie nicht nur neidisch war und eigentlich selbst gerne aufsteigen würde. Sie bemerkte zu ihrer Überraschung auch, dass sie gleichzeitig große Angst hatte, nicht gut genug für ihren Job zu sein – obwohl sie überdurchschnittlich qualifiziert war! Jeden kompetenten Kollegen empfand sie als Bedrohung. In zermürbender Weise verglich sie sich mit den anderen und wertete sie dann insgeheim ab.

Doch nun erkannte Vanessa, dass ihre verborgene Angst sie selbst blockiert hatte. Beruflich war sie dadurch auf der Stelle getreten. Diese Erkenntnis war für sie ein Durchbruch. Endlich konnte sie über ihre Angst, Fehler zu machen und nicht den Erwartungen zu genügen, offen sprechen und sich daraus befreien.

ANGST IST EIN ALARMSYSTEM

Angst ist eine sehr wichtige Emotion. Ihre Aufgabe ist es, uns vor Gefahren zu warnen. Der Körper reagiert dann blitzschnell, etwa mit erhöhter Atem- und Herzschlagfrequenz, ansteigendem Blutdruck, Schwitzen oder angespannten Arm- und Beinmuskeln. Es gehört gewissermaßen zur menschlichen Ausstattung, dass man innerhalb weniger Sekundenbruchteile bereit sein kann, sich durch Kampf oder Flucht in Sicherheit zu bringen oder aber sich vor einer drohenden Gefahr zu retten, indem man völlig regungslos wird (»starr vor Angst«) und die furchteinflößende Situation an sich vorbeiziehen lässt (siehe auch

Seite 30). Dabei warnt uns die Angst nicht nur vor Gefahren für unsere körperliche Integrität, sondern auch vor Gefahren, die unserem sozialen Status oder unserem Selbstbild drohen könnten. Diese Emotion hat also die Aufgabe, unsere Unversehrtheit auf unterschiedlichsten Ebenen zu bewachen.

Das angstbasierte Alarmsystem, das sich im Laufe unzähliger Jahrtausende der menschlichen Entwicklungsgeschichte herausgebildet hat, ist sinnvoll und hilfreich. Gerade im Zusammenhang mit Veränderungen sowie neuen und unbekannten Situationen ist es wichtig, auch auf die Signale seines Körpers zu vertrauen. Denn auf Gefahren reagiert er schneller als der Verstand. Stellen Sie sich vor, man könnte die Angst abschaffen und Sie hätten nie wieder dieses typische mulmige Bauchgefühl, wenn Ihnen etwas merkwürdig vorkommt. Vermutlich würde das nicht lange gut gehen!

Die Angst vor vermeintlichen Gefahren

Das angstbasierte Alarmsystem wird nicht nur von echten, sondern auch durch vermeintliche Gefahren und Bedrohungen aktiviert – und hier beginnen meistens die Schwierigkeiten. Um Angst zu bekommen, reicht es schon, dass wir uns verletzbar fühlen und glauben, es könnte etwas Schlimmes passieren. Ein Gedanke oder ein Szenario, das man sich in seiner Fantasie ausmalt, kann ebenso reale Angst auslösen wie eine wirkliche Bedrohung.

Angstfantasien können eine richtige Plage sein. Sie sind aber faktisch nur ein innerer Film, eine erdachte Wirklichkeit, die einen in Furcht und Schrecken versetzt. Mit dem, was tatsächlich gerade geschieht, hat der innere Film jedoch in diesem Moment nicht viel zu tun. Es sind beängstigende Szenen, die wir in die Zukunft projizieren. Die Angst davor kann uns lähmen, bevor überhaupt irgendetwas passiert ist. Blättern Sie noch einmal zurück und schauen Sie sich die Übersicht auf Seite 100/101 an und Ihre eigenen Aufzeichnungen. Erkennen Sie eine einzige Aussage, bei der die Angst sich auf eine konkrete Gefahr in der

Gegenwart bezieht? Die meisten Befürchtungen beruhen ausschließlich auf Gedanken und Fantasien, mit denen wir uns mögliche Bedrohungen in der Zukunft ausmalen. Doch es ist keineswegs entschieden, dass die Ereignisse auch so eintreten werden, wie wir befürchten. Mitfühlende Achtsamkeit (siehe ab Seite 28) kann helfen, uns immer wieder in den gegenwärtigen Moment zurück.

Die Angst vor der Angst

Ängste können zuweilen einen übertriebenen Betätigungsdrang auslösen. Man ist sehr aktiv und hat ständig etwas zu tun. Durch die hektische Betriebsamkeit versucht man, seiner Angst zu entkommen. Die Nervosität hält einen ständig in Bewegung – denn Ruhe empfindet man in diesen Zeiten eher als laute Bedrohung.

ÜBUNG

Geschäftigkeit hinterfragen

Nehmen Sie bei sich auch einen Zustand außerordentlicher Betriebsamkeit wahr? Falls Sie herausfinden möchten, ob sich dahinter die Tendenz verbirgt, einem bestimmten Gefühl aus dem Weg zu gehen, dann beantworten Sie sich so ehrlich wie möglich die folgenden Fragen. Sie können Ihre Antworten wieder in Ihrem Notizbuch aufschreiben:

- Was ist eigentlich der Vorteil, wenn ich immer geschäftig bin und nicht zur Ruhe komme?

- Was kann ich dadurch vermeiden?

- Was muss ich dann nicht fühlen?

Solange wir Angst vor der Angst haben, versuchen wir, den offenen Kontakt mit ihr zu vermeiden. Das ist sehr menschlich. Der starke Betätigungsdrang vermittelt das Gefühl, handlungsfähig zu sein, ohne die Angst oder ein Gefühl von Verletzlichkeit und Ohnmacht fühlen zu müssen. Doch wird der Druck und die pausenlose Nervosität immer größer und führt zu Fehlentscheidungen. Diese können erhebliche Kosten verursachen und das Problem vergrößern. Niemand braucht sich für seine Ängste zu schämen. Im Zweifel sollte man sich rechtzeitig (lieber zu früh als zu spät) Hilfe suchen.

Sich der Angst stellen

Ich habe eine ältere Freundin, die vor vielen Jahren an einem kalten Wintertag auf der Autobahn unterwegs war. Da sie eine vorsichtige Fahrerin war, fuhr sie langsam, geriet aber dennoch kurz ins Schleudern. Der Wagen drehte sich einmal um seine Achse und blieb dann stehen. Zum Glück war niemand verletzt. Doch meine Freundin hatte in den wenigen Sekunden, die der Vorfall dauerte, mächtig Angst bekommen. Danach wollte sie nicht mehr weiterfahren. Also überließ sie ihrem Mann das Steuer. Sie hat seit jenem Wintertag vor fünfzig Jahren nie wieder selbst auf der Autobahn einen Pkw gefahren. Angst kann zu einem engen Korsett werden, das uns die Bewegungsfreiheit nimmt. Aber sind wir wirklich bereit, das hinzunehmen? Wir haben die Wahl, ob wir uns zum Opfer unserer Angst machen oder ob wir uns diesem Gefühl mutig stellen. Das bedeutet nicht, dass man sie niederringt oder sich bezwingt, ganz nach der Philosophie des Westernhelden John Wayne: »Mut ist, wenn man Todesangst hat, aber sich trotzdem in den Sattel schwingt.« Sich mit der Angst auseinanderzusetzen kann auch bedeuten, dass wir uns in der Situation, die uns Angst macht, diesem Gefühl zuwenden, um es genauer zu verstehen. Tasten Sie sich in kleinen Schritten voran. Auch das ist mutig! Wir können die Angst nicht abschaffen. Doch wir können es lernen, geduldig und selbstmitfühlend mit ihr umzugehen (siehe Seite 107).

MEDITATION

Angst tolerieren

Suchen Sie sich für diese Meditation einen angenehmen Ort, an dem Sie ungestört üben können. Sobald Sie mit dieser Meditation vertrauter geworden sind, können Sie sie jederzeit anwenden, wenn Sie Angst verspüren.

- Setzen Sie sich in eine aufrechte Haltung. Lassen Sie den Blick entspannt vor sich auf dem Boden ruhen oder schließen Sie die Augen. Nehmen Sie sich einige Minuten Zeit, um zur Ruhe zu kommen. Beobachten Sie dabei achtsam Ihren Atemfluss – so, als ob Sie an einem klaren Bach sitzen und dem Wasser lauschen, das vorüberfließt.

- Denken Sie nun an die Neuerungen in Ihrem Leben und fassen Sie bewusst die Absicht, jegliche Angst respektvoll und mitfühlend zu erkunden.

- Dazu bringen Sie die Achtsamkeit zunächst in den Körper. Welche Empfindungen können Sie im Moment wahrnehmen? Versuchen Sie, diese zu akzeptieren, ohne sie verändern zu wollen. Einige mögen angenehm sein, andere unangenehm, wiederum andere können merkwürdig nebulös oder verschwommen wirken ... Bewerten Sie nicht, was Sie wahrnehmen. Kämpfen Sie auch nicht dagegen an. Vertrauen Sie Ihrer Absicht, sich respektvoll und mitfühlend zu öffnen.

- Bringen Sie die Achtsamkeit nun zu Ihren Gefühlen. Sobald Sie Angst wahrnehmen, verstehen Sie dies als Einladung, noch genauer hinzuschauen. Wenden Sie sich der Angst bewusst zu, um sich mit ihr vertraut zu machen. Wie fühlt sie sich an? Woran genau erkennen Sie sie?

- Können Sie vielleicht sogar benennen, welche Art von Angst es ist? Besorgnis? Unruhe? Befürchtungen?

- Atmen Sie ruhig weiter. Alles ist gut. Sie sind dabei herauszufinden, was eigentlich das Gefühl der Angst ausmacht.

Fortsetzung auf Seite 108

Fortsetzung von Seite 107

- Tolerieren Sie die Angst, so wie sie ist. Geben Sie jeden Kampf gegen sie auf und lassen Sie ruhig den Wunsch los, Ihre Angst möge verschwinden. Sie stellen sich achtsam dem, was ist, weil Sie dieses Gefühl verstehen wollen. Vertrauen Sie auf Ihren Mut.

- Registrieren Sie weiter feinfühlig die unterschiedlichen Körperempfindungen und Gedanken, die die Angst begleiten. Doch Sie brauchen nicht jeden Gedanken zu glauben, den Ihnen dieses Gefühl einflüstert. Halten Sie nicht an einzelnen Gedanken fest.

- Stellen Sie sich nun vor, dass ungefähr auf der Höhe Ihres Herzens ein helles, warmes Licht scheint.

- Stellen Sie sich dann weiter vor, dass Sie die Angst in das leuchtende Licht einatmen und Sie dieses Gefühl dabei vollständig akzeptieren.

- Bei jeder Ausatmung stellen Sie sich vor, dass sich aus Ihrer warm leuchtenden Mitte heraus Ruhe und Mitgefühl verbreiten.

- Bleiben Sie mitfühlend und achtsam und nehmen Sie wahr, was geschieht. Auch Angst wandelt sich.

- Atmen Sie auf diese besondere Weise, solange es Ihnen guttut. Wenn Sie mögen, legen Sie sanft eine oder beide Hände an Ihr Herz.

- Erlauben Sie sich, die Angst zu spüren, und lassen Sie jeden Widerstand los. Schöpfen Sie gleichzeitig Kraft und Zuversicht, indem Sie sich bei jeder Ausatmung erneut vorstellen, dass Sie aus Ihrer Mitte mit Mut und Vertrauen erfüllt werden. Spüren Sie, dass es nicht nur Verletzlichkeit gibt, sondern auch Selbstmitgefühl und Stärke.

- Wir können unsere Angst nicht abschaffen. Aber wir können lernen, ihr mit Mut zu begegnen. Dadurch kann sie sich wandeln.

- Am Ende dieser Meditation atmen Sie tief ein und richten sich dabei langsam und bewusst auf. Kommen Sie in eine würdevolle Haltung und bleiben Sie noch einige Minuten so sitzen.

MUT ENTWICKELN

In Ihnen schlummert vermutlich mehr Mut und Kraft, als Sie denken. Wir alle machen im Laufe unseres Lebens viele kleine mutige Schritte. Jedes Mal, wenn wir etwas Neues ausprobiert haben, konnten wir dies nur tun, weil wir den Mut dazu gefunden und unsere Angst und Aufregung überwunden haben. Das kann eine Prüfung sein, vor der Sie große Furcht hatten, aber am Ende erfolgreich waren, eine Liebeserklärung, die all Ihren Mut erforderte, ein Aufenthalt im Ausland, der Ihr Selbstvertrauen stärkte, oder vielleicht die Situation, in der Sie endlich den Mut aufbrachten, eine gewisse Person deutlich in ihre Schranken zu verweisen.

Leider vergessen wir ganz schnell, wie mutig all diese Schritte waren! Oder wir tun sie ab mit der Bemerkung: »Ach, das war doch nichts Besonderes.« Doch tatsächlich sind sie echte Erfahrungsschätze und damit Ressourcen, die wir in uns tragen. Wenn Sie jetzt wieder davor stehen, sich auf etwas Neues in Ihrem Leben einzulassen, sollten Sie sich auf den Mut besinnen, den Sie in sich tragen! Man kann ihn stets neu beleben – zum Beispiel, indem man sich bewusst an ihn erinnert und ihn anerkennt.

Selbstvertrauen und Zuversicht können auch durch ermutigende Gespräche gestärkt werden. Angst beruhigt sich oft, wenn wir uns wieder verbunden fühlen. Es muss spürbar sein, dass dem Gesprächspartner das Wohlergehen des anderen am Herzen liegt und er ihn darin unterstützen möchte, dass die anstehende Veränderung gelingt und erfolgreich ist. Dabei kommt es weniger auf die einzelnen Aussagen an als auf die wohlwollende Absicht dahinter. Wenn das Herz nicht gewärmt wird, helfen die schönsten Worte nichts. Sie können solche »Gespräche« auch mit sich selbst führen beziehungsweise sich selbst mit Worten ermutigen, um Unsicherheit und Selbstzweifeln zu begegnen – auch das ist eine wichtige Ressource.

Die folgenden beiden Übungen sind im Alltag eine sinnvolle Ergänzung zur Meditation »Angst tolerieren« auf Seite 107/108.

ÜBUNG
Eigene Ressourcen aktivieren

Nutzen Sie die Kraft der Erinnerung und die Kraft der Worte, um Ihren Mut zu aktivieren und zu stärken.

1. Mut aus der Vergangenheit schöpfen

Überlegen Sie: Welche Situationen fallen Ihnen ein, in denen Sie es geschafft haben, sich trotz der Angst nicht vom Weg abbringen zu lassen, und aus denen Sie sogar gestärkt hervorgegangen sind? Die bewusste Erinnerung daran kann Ihr Selbstvertrauen erneuern und stärken. Der Ton Ihrer inneren Stimme sollte Sie dabei nicht antreiben und unter Druck setzen, noch einmal so eine »Performance« abzuliefern. Er sollte mitfühlend und ermutigend sein, wie von einem wohlwollenden Freund. Notieren Sie dann in Ihr Tagebuch: »Ich erinnere diese drei Situationen in meinem Leben, in denen ich es geschafft habe, meinen Weg zu gehen, obwohl ich Angst hatte: ...«

2. Sich selbst Mut zusprechen

Ein einfacher Satz, der Zuversicht und Mut ausdrückt, ist zum Beispiel: »Alles in Ordnung.« Sie können ihn viele Male am Tag in Gedanken wiederholen und sich so ermutigen. Ob er für Sie passt, erkennen Sie, während Sie ihn sprechen oder denken: Wirkt der Satz unmittelbar entlastend auf Sie, übernehmen Sie ihn. Hat er keine beruhigende Wirkung, können Sie ihn so lange umformulieren, bis er für Sie hilfreich ist. Statt eines Satzes können Sie auch einzelne Begriffe verwenden, die für eine beruhigende Qualität stehen, etwa »Mut« oder »Vertrauen« oder »Selbstliebe«. Wiederholen Sie das Wort im Laufe des Tages immer wieder und versuchen Sie, die Qualität, die es beschreibt, in sich zu spüren. Schreiben Sie in Ihr Notizbuch: »Wenn ich Angst empfinde, beruhigt und ermutigt mich der folgende Satz/Ausdruck: ...«

DIE MACHT
DER GEDANKEN

Gedanken sind das Material, aus dem sich eine Schatzkarte für den Umgang mit Veränderungen aufzeichnen lässt. Denn Gedanken und vor allem Überzeugungen haben viel mehr Einfluss auf unser Leben, als wir üblicherweise meinen. Alles, was wir entscheiden und unternehmen, spielt sich ja zunächst in unseren Gedanken ab (siehe Seite 16). Im Folgenden möchte ich Ihre Aufmerksamkeit auf die Welt der Gedanken und deren Bedeutung in Veränderungsprozessen lenken. Leider sind wir normalerweise nicht sehr achtsam, wenn es um Gedanken geht. Die Idee, dem eigenen Denkprozess einfach nur zu lauschen und sich dabei bewusst zu sein, dass die Gedanken gerade ihr Spiel treiben und was sie uns in diesem Moment erzählen, ist für die meisten Menschen eine ungewohnte Vorstellung.

DAS KINO IN UNSEREM KOPF

Oft erleben wir, dass Gedanken uns Geschichten erzählen, die uns in ihren Bann ziehen und sich anfühlen, als seien sie wahr. Man könnte auch sagen, diese Gedanken sind wie ein Film, der sich in unseren Köpfen abspielt und unsere Aufmerksamkeit absorbiert. Im Kino ist man mit seiner ganzen Aufmerksamkeit in der Filmgeschichte. Eigentlich macht Kino auch erst so richtig Spaß, wenn der Filminhalt sich wie die Realität anfühlt. Was wir durch einen Film erleben, löst sogar emotionale Zustände wie Schreck, Erleichterung, Angst oder Empörung aus. Körperlich reagieren wir natürlich auch, etwa mit feuchten Händen, Anspannung, Lachen oder Tränen. Die andere Realitätsebene, in der wir uns gleichzeitig befinden, blenden wir dabei die meiste Zeit aus. Oder sind Sie sich bei einem packenden Film immer voll bewusst, dass Sie gerade im Kino sitzen und nur einen Film anschauen? Wahrscheinlich nicht. Doch dann ist der Film zu Ende, das Licht geht an, wir erwachen aus der Ebene des Filmgeschehens und kommen in die alltägliche Ebene unserer Lebensgeschichte zurück. Diese lief die ganze Zeit parallel, ohne dass wir sie aktiv zur Kenntnis genommen hätten. Ein Film ist wie ein Ausflug in ein anderes Leben. Auf die gleiche Weise kann das menschliche Gehirn sich auch im »Kopfkino« in Geschichten verwickeln. Wir verlieren uns gelegentlich in unseren (alten) Geschichten oder Fantasien, ohne es zu merken, und reagieren dann vielleicht genauso wie im Kino mit Angst, Empörung, liebevollen Gefühlen oder körperlichen Symptomen auf die Story, die in unserem Kopf stattfindet.

WERDEN SIE IHR EIGENER DREHBUCHAUTOR

Unsere Gedanken können jedes Genre bedienen: Drama, Heldenfilm, Liebesschnulze, Talkshow … Doch es gibt einen entscheidenden Unterschied: Wir brauchen dem Gedankenfilm nicht nur zuzuschauen wie im Kino, sondern können lernen, selbst zu entscheiden, welche Richtung die Geschichte nehmen soll. Hier liegt ein großes Potenzial, das wir nutzen können, wenn es um die Frage geht, wie wir Veränderungen in unserem Leben angehen sollen. Denn alles, was wir machen werden, findet vorher in unseren Gedanken statt. Buddha drückt es so aus: »Alle Dinge entstehen im Geist, sie sind unseres mächtigen Geistes Schöpfung.« Daher ist es wesentlich, seinen Gedanken aufmerksam zuzuhören und sie zu führen. Dann können sie zu einem wunderbaren Gestaltungswerkzeug werden.

Sich des Denkens bewusst werden

In der buddhistischen Praxis gehört es zu den wesentlichen Achtsamkeitsübungen, sich des Denkens bewusst zu werden. Denn im Denken und Schlussfolgern liegen viele Irrtümer sowie nachteilige Motive und Absichten begründet, die uns und anderen das Leben schwer machen.

Durch die Art und Weise, wie wir denken, können sich für uns Türen öffnen oder schließen. Wenn wir also etwas verändern möchten in unserem Leben, müssen wir uns unseren Gedanken bewusst zuwenden.

Gedanken erschaffen unsere Welt

Nicht nur im Buddhismus, sondern auch in vielen Richtungen der modernen westlichen Psychologie ist bekannt, wie stark unser Geist die Welt, wie wir sie erleben, konstruiert und auch unsere eigene Rolle einschließlich aller Einschränkungen und Möglichkeiten selbst hervorbringt. Besonders die Trainer und Mental Coaches im Leistungssport arbeiten mit dieser Erkenntnis. Leistungssportler trainieren heute längst nicht mehr nur ihren Körper, sondern arbeiten kontinuierlich daran, ihren Geist so zu trainieren, dass dieser sie möglichst wenig in ihren körperlichen Möglichkeiten beschränkt.

Vielleicht haben Sie selbst schon die Erfahrung gemacht, wie sehr Zweifel oder limitierende Gedanken Sie bremsen: »Wie soll das gehen?«, »Mehr als 30 Minuten Laufen schaffe ich nicht«, »Mit Technik hab ich es nicht so«, »Ich habe zwei linke Hände« … Auf der anderen Seite haben konstruktive Vorstellungen und innere Bilder die Macht, uns für neue Möglichkeiten zu öffnen! Ermutigende, stärkende Gedanken können uns über bisher hingenommene Grenzen hinaustragen. Sie ermöglichen es uns, zu wachsen oder eine neue Richtung einzuschlagen. Wenn Sie anfangen, für einen Triathlon zu trainieren, an der Abendschule Ihr Abitur nachholen wollen, sich auf einen neuen Job einlassen oder eine neue Beziehung, dann achten Sie unbedingt auf Ihre Gedanken. Ihr Vorhaben hat bessere Chancen, wenn Sie sich dabei von einem Gedanken unterstützen lassen wie: »Das schaffe ich. Ich will lernen, wie das geht.«

Ich möchte Sie daher einladen, sich mit der Achtsamkeit für Gedanken vertraut zu machen (siehe Seite 115). Das ist die Voraussetzung, um Ihre gedankliche Kraft bewusst für positive Veränderungen im eigenen Leben und in der Welt einzusetzen.

WAHRHEIT ODER GLAUBE?

Gedanken bestimmen, wie wir die Welt erleben. Aber verwirrenderweise sind die Gedanken, die uns leiten, uns nicht immer bewusst. Manchmal haben sich bestimmte Überzeugungen schon vor Jahrzehnten gebildet. Ein einziger Satz, der sich einem als Kind oder Jugendlicher eingebrannt hat, kann ausreichen, um im Geist eine vermeintliche Gewissheit zu hinterlassen. Als Erwachsene können wir uns zum Glück mit unserem Weltbild und unseren Annahmen über uns selbst auseinandersetzen und das, was uns dabei bewusst wird, hinterfragen: Ist dieser Gedanke überhaupt wahr? Sagt er wirklich etwas über meine Person/meinen Charakter aus, oder zeigt er nur, was der andere gedacht hat, als er den Satz ausgesprochen hat?

LIMITIERENDE ÜBERZEUGUNGEN HINTERFRAGEN

Es gibt bestimmte Gedanken, die hat man noch nie infrage gestellt. Man ist einfach davon überzeugt, dass sie wahr sind – selbst wenn sie kein gutes Licht auf uns selbst werfen und man eigentlich gar nicht mehr weiß, warum sie wahr sein sollten. Man hat sich einfach an den Gedanken oder die Überzeugung gewöhnt – und an die Limitierung, die sie dem eigenen Leben verpasst. Solche Überzeugungen, die uns in unserem Lebensmut einschränken, gibt es häufiger, als Sie vielleicht erwarten, denn meistens sind sie uns nicht bewusst.

Oft sind sie auch mit Gefühlen von Peinlichkeit oder kleinen Ängsten verbunden. Man erkennt sie an Satzanfängen wie »Ich kann doch nicht …«, »Ich bin nicht der Typ von Mensch, der …« oder dem stillen Ausruf: »Ich doch nicht!«. Die ungeprüften Gedanken und Überzeugungen, die wir in uns tragen, haben spürbare Auswirkungen auf den Aktionsradius, in dem wir uns bewegen. Kennen Sie selbst auch solch einen Gedanken, der sich meldet, wenn Sie vom Leben aufgefordert werden, etwas zu tun, was Sie noch nie gemacht haben? Wie lautet er bei Ihnen? Die Meditation auf Seite 115 lädt Sie ein, sich mit der Welt der Gedanken noch vertrauter zu machen.

Achtsamkeit für Gedanken

- Nehmen Sie eine angenehme, aufrechte Sitzhaltung ein und schließen Sie die Augen. Entspannen Sie sich und lauschen Sie achtsam in den Raum.

- Die Achtsamkeit bekommt dabei eine offene und empfängliche Qualität. Ihr Geist wird ruhig und präsent, ohne das, was er wahrnimmt, besonders zu kommentieren.

- Nun wenden Sie die Achtsamkeit nach innen. Lauschen Sie mit der gleichen feinfühligen Achtsamkeit in die Welt der Gedanken.

- Öffnen Sie sich bewusst und registrieren Sie die verschiedenen Gedanken, die im Geist vorüberziehen. Welches Thema, welche Geschichte beschäftigt Sie im Augenblick?

- Wenn möglich, benennen Sie das Thema Ihrer Gedanken kurz, aber kommentieren Sie es nicht. Ein solches Etikett könnte zum Beispiel heißen »Geldsorgen«, »Revanche« oder »Liebeskummer«. Dadurch werden Sie sich bewusst, dass Sie gerade Ihre Gedanken beobachten, und werden nicht so schnell in den inneren Film hineingezogen.

- Versuchen Sie, Ihren Gedanken mitfühlend, aber mit ein wenig Abstand zu lauschen. Wenn Sie merken, dass Sie sich in eine Geschichte verloren haben, fangen Sie einfach wieder von vorne an.

- Nehmen Sie wahr, wie die verschiedenen Gedanken kommen und gehen. Sie wandeln sich in ihrem Spiel zwischen Anfang, Mitte, Ende und Pause.

Sie brauchen nichts anderes zu tun, als zu lauschen, zu benennen, sich bewusst zu werden und wieder loszulassen. Vielleicht entdecken Sie dabei den inneren Spielraum, der selbst nicht aus Gedanken besteht.

Limitierende Überzeugungen können aus den unterschiedlichsten Gründen entstehen. Meistens versteckt sich dahinter eine Geschichte aus der Vergangenheit oder eine Schlussfolgerung, die man aus bestimmten Informationen gezogen hat. Manche Menschen mussten einmal eine verletzende Bemerkung wegen ihres Aussehens einstecken und glauben seither, dass sie auf andere nicht attraktiv wirken können. Die Beschämung war so stechend schmerzhaft, dass sie auch Jahre später noch überzeugt sind, diese Erfahrung sei nur möglich gewesen, wenn zumindest ein Funken objektiver Wahrheit im Spiel war. Diese vermeintliche Gewissheit haftet ihnen an wie ein geheimer, peinlicher Makel. Aber ist das, was wir aus einer kränkenden Erfahrung einmal geschlussfolgert haben, auch wirklich wahr? Oder sind wir vor lauter Scham über das Erlebte einfach noch nie auf die Idee gekommen, die Schlüsse daraus infrage zu stellen?

Einige Menschen werden in der Gestaltungskraft ihres Lebens eingeschränkt, weil sie unbewusst glauben, nicht mehr erreichen zu dürfen als ihr Vater oder ihre Mutter. Andere sind davon überzeugt, dass sie nicht das Zeug dazu haben, Karriere zu machen, eine dauerhafte Beziehung einzugehen, Kinder großzuziehen, kreativ zu sein, Sport zu treiben. Dies mag daran liegen, dass ihnen schon als Kind wenig zugetraut wurde und es an Wertschätzung mangelte. Leider haben sich manche Menschen diese entmutigenden Signale zu eigen gemacht.

>>Wenn man die Veränderung zum **Besseren für unmöglich hält,** wird sie auch nicht kommen.<<

NOAM CHOMSKY | US-AMERIKANISCHER SPRACHWISSENSCHAFTLER

Eine limitierende Überzeugung kann aber auch in einem realen Misserfolgserlebnis begründet sein, das man aufgrund falscher Schlussfolgerungen nie ganz überwunden hat und nun wie einen persönlichen Fehler mit sich herumschleppt. Aber gibt es ein Gesetz, das uns verpflichtet, für Misserfolge bis an unser Lebensende zu büßen? Gehören Misserfolge nicht immer auch als Möglichkeit dazu, wenn man Dinge gestaltet?

Falls Sie mit dieser Art von Limitierungen und Entmutigungen in Ihren Gedanken und Denkmustern zu tun haben, schlage ich vor, dass Sie aus diesem Gefängnis ausbrechen. Fragen Sie sich in einem ruhigen, klaren Moment, wie lange Sie noch mit angezogener Handbremse fahren wollen. Wem nützt es denn, wenn Sie sich schmal machen?

Wäre Ihnen selbst und anderen nicht viel mehr damit gedient, wenn Sie die unheilvolle Enge opfern, um Ihren eigenen Ideen und den Talenten, die möglicherweise noch in Ihnen schlummern, endlich Raum zu verschaffen? Zugegeben: Es ist nicht einfach, und vielleicht schaffen Sie es nicht auf Anhieb, sich auf eigene Faust zu befreien. Aber was sollte Sie daran hindern, sich zum Beispiel von Freunden und anderen, die ähnliche Erfahrungen gemacht haben, helfen zu lassen?

Restriktive Gedanken und Überzeugungen können Ihnen erheblich in die Quere kommen, wenn Sie mit Veränderungen in Ihrem Leben umgehen müssen und vielleicht einen Richtungswechsel für die anstehenden Jahre planen möchten. Lassen Sie uns daher etwas genauer schauen, wie man diese Art von Gedanken entmachten kann.

UNHEILSAME GEDANKEN ENTKRÄFTEN

Sie können einen unheilsamen Gedanken, den Sie bisher geglaubt haben, am besten entschärfen, wenn Sie klar sehen und erkennen, dass er falsch ist und Ihnen Nachteile bringt. Oft muss man den Irrtum, dem man aufgesessen ist, noch einmal klar beim Namen nennen, um letzte Zweifel aufzuspüren und sie aus dem Weg zu räumen. Dazu können Sie einen guten Freund oder Vertrauten bitten, sich die Zeit zu nehmen,

Ihnen zuzuhören. Denn wir werden noch tiefer entlastet, wenn wir das, was uns bewegt, bewusst zum Ausdruck bringen und dabei ein anderer Mensch sich als Zeuge an unsere Seite stellt und uns seine ganze Aufmerksamkeit schenkt.

Mehr Geduld und einige Übung braucht man für unheilvolle Gedankenmuster, die sich über Jahre eingeschliffen haben und bisher kritiklos akzeptiert wurden. »Eigentlich kann ich nichts so richtig« ist so ein Gedanke. Eine hilfreiche mentale Übung kann es sein, diesen wenig wertschätzenden Gedanken durch andere Gedanken zu ersetzen, die Anerkennung ausdrücken. Das könnte beispielsweise so aussehen, dass Sie anfangen, auf alles zu achten, was Sie im Laufe eines Tages hinbekommen und was Ihnen gelingt. Sie können sich angewöhnen, es in einen kurzen anerkennenden Gedanken für sich zu registrieren: »Ich habe heute alle wichtigen Aufgaben erledigt« oder »Ich habe das Telefongespräch gut hinbekommen, obwohl ich etwas Schiss davor hatte«. Auf diese Weise können Sie der Art, wie Sie sich selbst sehen und kommentieren, eine konstruktive, ermutigende Richtung geben und Ihr Selbstvertrauen wieder stärken. Und das kann spürbare Auswirkungen für die ganze Lebensführung haben.

EINE INNERE KULTUR ENTWICKELN

Die Achtsamkeit und das Bewusstsein für die Macht der Gedanken lassen uns erkennen, wo wir uns bisher vielleicht aufgrund ungeprüfter, gewohnheitsmäßiger Denkmuster und Verhaltensweisen in unseren Möglichkeiten begrenzt oder überfordert haben. Auch die Irrwege, die man aufgrund angstvoller oder destruktiver Motive eingeschlagen hat, werden klarer. Dies eröffnet den Spielraum für notwendige Anpassungen und Veränderungen.

Unsere Gedanken bilden jedoch auch ganz allgemein das geistige Fundament, um mit geplanten oder ungeplanten Veränderungen in unserem Leben umzugehen.

MEDITATION

Überzeugungen infrage stellen

Diese Meditation unterstützt Sie dabei, Gedanken und Überzeugungen loszulassen, die Sie in Ihrer persönlichen Entwicklung einschränken.

- Setzen Sie sich in eine angenehme, aufrechte Sitzhaltung. Schließen Sie dann die Augen und lassen Sie sich einige Minuten Zeit, um allmählich zur Ruhe zu kommen.

- Stellen Sie sich nun in Gedanken Ihre eigene Person vor: Ihr Aussehen, Ihr Gesicht, die Lebenssituation, in der Sie sich momentan befinden ... Welches Bild entsteht dabei? Wie fühlt es sich an?

- Versuchen Sie, freundlich und interessiert auf Ihre eigene Person zu schauen. Wo nehmen Sie in Ihrem Leben Spielräume wahr? Wo fühlen Sie sich frei und offen für etwas Neues?

- Und wo sind die Möglichkeiten für Sie persönlich begrenzt? In welchen Bereichen glauben Sie nicht mehr an Veränderungen?

- Schauen Sie sich diese Limitierungen etwas genauer an. Achten Sie dabei aber auf eine wohlwollende Haltung.

- Gibt es einen Gedanken, der Ihnen wiederholt das Leben schwer gemacht hat? Vielleicht ein Satz, der anfängt mit »Ich muss ...« oder »Ich darf nicht ...«?

- Erlauben Sie sich, diesen Gedanken in seinen Auswirkungen zu spüren. Wovon hält er Sie ab? Was würden Sie am liebsten machen, wenn es diesen Gedanken nicht gäbe?

- Atmen Sie ruhig ein und aus. Fragen Sie sich freundlich und sanft: »Ist dieser Gedanke eigentlich wirklich wahr?«, »Wer sagt das?«, »Kann man das auch anders sehen?«.

- Atmen Sie ruhig ein und aus.. Bleiben Sie wohlwollend und geben Sie auch Ihren Gefühlen Raum.

Fortsetzung auf Seite 120

Fortsetzung von Seite 119

- Bringen Sie schließlich Ihre Aufmerksamkeit behutsam wieder in den Körper. Spüren Sie den Kontakt mit der Sitzfläche und dem Boden.

- Atmen Sie zum Abschluss tief ein und richten Sie sich dabei langsam und bewusst auf. Kommen Sie in eine würdevolle Haltung und bleiben Sie noch einige Minuten sitzen.

Bestimmte Gedanken und Überzeugungen zu entkräften kann sich vorübergehend so anfühlen, als ob man aus einem Traum erwacht. Dabei dürfen auch ruhig mal ein paar Tränen fließen, oder es wird vor Überraschung laut gelacht. Das alles ist in Ordnung und oft ein Zeichen von Erleichterung.

Es kommt letztlich auf zwei Fragen besonders an, die wir uns wiederholt stellen sollten, wenn wir unser Leben umgestalten (müssen):

→ 1. Was brauche ich? (Siehe ab Seite 128)

→ 2. Was ist mir/uns wirklich wichtig? (Siehe ab Seite 133)

Die erste Frage hilft uns, eine selbstfürsorgliche Perspektive einzunehmen. Die zweite Frage sortiert Werte: Was ist mir wirklich wichtig und wertvoll – und was nicht (mehr)?

DIE MOTIVATION HINTER DEM HANDELN

Natürlich dürfen wir bei den Überlegungen zu diesen beiden großen Fragekomplexen nicht nur das eigene Wohl im Blick haben, sondern müssen ebenso berücksichtigen, welche Auswirkungen unsere Entscheidungen auf das Wohl anderer Menschen haben. Alle Lebewesen stehen in wechselseitiger Abhängigkeit voneinander. Wie könnten wir da glücklich sein, wenn wir nur auf die eigenen Bedürfnisse und Werte schauen? Andererseits dürfen wir auch unser eigenes Anliegen ernst nehmen und dafür eintreten. Wir sind deswegen nicht gleich egoistisch. Wie immer gilt es, Umsicht und das rechte Maß im Ausgleich der unterschiedlichen Interessen zu finden.

Tiefe Achtsamkeit ermöglicht es, die Motivation hinter unseren verschiedenen Handlungsschritten ins Bewusstsein zu bringen. Und bei jeder Veränderung, die wir gestalten, sollten wir unsere Motivation im Blick behalten. Denn die Gedanken, die unsere Handlungen in Bewegung setzen, haben Einfluss auf den Gestaltungsprozess und das zu erwartende Resultat. So macht es beispielsweise einen großen Unterschied, ob ein Politiker motiviert von Gier und Geltungssucht einen öffentlichen Posten übernimmt oder getragen von Gestaltungsfreude und der Idee, seiner Stadt oder seinem Land zu dienen. Das Resultat seines Handelns wird ein völlig anderes sein.

KLEINE ANLEITUNG DES DALAI LAMA

Wir sollten uns bemühen, unser Feuer im Zaum zu halten, wenn wir Gefahr laufen, aus Gedanken der Wut, Rache, Gier, Eifersucht oder anderen destruktiven Motiven heraus zu handeln. Denn sie haben die Kraft, uns in eine Art vorübergehenden Miniwahn zu stürzen, in dem wir es für legitim halten, unserem Gegner Schaden zuzufügen. Sobald wir wieder zur Besinnung kommen, erkennen wir, dass uns solche Aktionen kein Stück weitergebracht haben.

Wesentlich kraftvoller und nachhaltig entwicklungsfähig sind konstruktive Handlungsmotive, die auf Respekt und Wertschätzung basieren, aber dennoch klar auch die eigenen Bedürfnisse und Werte im Blick haben. Seine Heiligkeit der Dalai Lama gibt uns eine wertvolle Anleitung, um regelmäßig zu überprüfen, was unser Tun motiviert:

»Legen wir Engstirnigkeit oder Offenheit an den Tag?

Betrachten wir eine Situation in ihrer Gesamtheit oder beschränken wir uns auf Einzelaspekte?

Bezieht sich unsere Perspektive auf die nahe oder die ferne Zukunft?

Ist unsere Motivation wirklich von Mitgefühl durchdrungen?

Beschränkt sich unser Mitgefühl auf unsere Familie, unsere Freunde und auf all diejenigen, mit denen wir uns identifizieren?

Wir sollten nicht müde werden, uns solche Fragen zu stellen.«

Fülle
und Kraft

Sobald ein Neuanfang geschafft ist, liegt die
aufregende Zeit hinter uns und der Alltag beginnt.
Damit es spannend bleibt, müssen wir uns
jetzt auf andere Gestaltungskräfte konzentrieren als
noch am Beginn: Verbindlichkeit, Pflege und
Beständigkeit stehen jetzt im Mittelpunkt.
So wird die vollzogene Neuerung gestärkt und
kultiviert. Damit stehen die Chancen gut, dass sie
sich weiterentwickelt und lange erhalten bleibt.

GUT VERANKERT UND
BELASTBAR

Die mittlere Phase eines Prozesses ist die Zeit der Kräftigung und Konsolidierung. Die anfängliche Unsicherheit ist überwunden. Stattdessen breiten sich jetzt zunehmend Beständigkeit und Belastbarkeit aus. Der mittlere Abschnitt ist eine Zeit großer Stabilität. Man lässt sich nicht mehr so leicht beeindrucken oder gar einschüchtern. Wie ein Baum, der inzwischen seine Wurzeln im Erdreich gut verankert hat, ist man nun deutlich belastbarer und widerstandsfähiger als noch in der Anfangszeit. Ein stärkerer Wind kann einem ausgewachsenen Baum in der Regel keinen größeren Schaden zufügen. Auch ein erwachsener Mensch, der (wieder) mit beiden Beinen fest im Leben steht, wird durch einen Misserfolg oder eine kritische Äußerung nicht gleich umgeworfen. Im Idealfall fühlt man sich (wieder) gefestigt und kann sich von Belastungen relativ schnell erholen. Diese Stabilität ist ein besonderes Merkmal der mittleren Entwicklungsphase.

PFLEGEN, WAS ENTSTANDEN IST

Die Stabilität ist ein Zustand, bei dem man auf die Idee kommen könnte, die Dinge blieben für immer so. Dies stimmt natürlich nicht, da ja alles im Wandel ist. Man kann nicht verhindern, dass sich alles irgendwann wieder auflöst. Das ist ein Gesetz, bei dem die Natur nicht mit sich feilschen lässt. Doch wir können oft die Phase mitgestalten, in der die Dinge ganz ins Dasein kommen, sich in ihrer größten Kraft und Fülle ausdehnen und eine relative Beständigkeit haben.

Damit sich etwas Neues voll entfalten kann, ist es notwendig, dass es aus dem Anfangsstadium herauswächst. Eine neue Partnerschaft, ein Projekt oder eine neue Fähigkeit, die wir erlernen wollen, brauchen

Pflege, Zuwendung und Kultivierung. Dann haben sie gute Chancen, zu ihrer vollen Reife zu gelangen. Anders als in der Anfangsphase geht es in der mittleren Phase ja nicht mehr darum, überhaupt etwas Neues in die Welt zu bringen, sondern wir müssen uns jetzt um das kümmern, was mittlerweile den Kinderschuhen entwachsen ist. Das Entstandene muss nun gepflegt und in seiner positiven Entwicklung unterstützt, oft sogar bewusst gesteuert werden.

DIE VIER JAHRESZEITEN

Die sinnliche Pracht des Sommers

Es ist, als ob die Natur ein Fest gibt und die Welt sich dabei vor Wonne auf ihr doppeltes Maß ausgedehnt hätte. Die Fülle des Sommers flutet das Land mit den üppigsten Farben und betört durch die sinnlichen Düfte, die uns umtanzen. Jedes freie Plätzchen wird im Nu überwuchert, und die leuchtende Wärme kitzelt unsere Lebensfreude wach. Tausende von Blüten drängeln sich um die besten Plätze im Sonnenlicht, während Bienen, Hummeln und Wespen ihre winzigen Rüssel in den köstlichen Nektar tauchen. Und auch uns Menschen bietet der Sommer unzählige Köstlichkeiten: Wem läuft nicht das Wasser im Mund zusammen beim Anblick der saftigen Früchte an Sträuchern und Bäumen?

Damit unsere Gärten ihre herrliche Pracht entfalten, brauchen Sie Hege und Pflege. Sie sind wie lebende Skulpturen und der Gärtner ein Künstler, der sein Werk mit Weitblick und unendlicher Geduld kultiviert. Denn er weiß, dass er nicht an seinen Blumen ziehen darf, damit sie schneller wachsen. Sie tun es von allein, solange er sich um den Rest kümmert.

Das heißt, in der mittleren Phase wird nun eine andere Qualität im Kontakt mit dem, was wir tun, gefordert! Hat man zum Beispiel ein Unternehmen oder eine Familie gegründet, standen am Anfang Mut und Initiative im Vordergrund. Doch wenn die Gründungszeit vorbei ist, geht es darum, das neu Gewonnene zu erhalten, seine Qualität zu sichern und, wenn möglich, nach und nach zu steigern, bis ein Level erreicht ist, mit dem man zufrieden ist.

Diese Wende zur Konsolidierungsphase ist nicht immer leicht zu vollziehen. Sie erfordert eine andere Art von Energie und Aufmerksamkeit, die im Schützen und Bewahren einen Wert erkennt und sich auch der darunterliegenden Qualitäten von Treue, Bindung und Verlässlichkeit bewusst wird. Manchmal geht es in dieser Zeit auch darum, Geduld zu entwickeln und durchzuhalten, selbst wenn es vorübergehend schwierig wird – sei es, weil etwas von außen eine verlässliche Kontinuität stört oder weil wir aus einem inneren Grund unsere Schwierigkeiten damit haben.

VERBINDLICH IN BEZIEHUNG SEIN

Vor allem Menschen, die eher den Kick der Anfangseuphorie suchen, tun sich oft schwer damit, in den wichtigen Qualitäten, die die Stärke und den Erfolg der mittleren Entwicklungsphase ausmachen, etwas Wertvolles oder Befriedigendes zu entdecken. Denn sie verwechseln die Zeit der Konsolidierung häufig mit dem öden Geschmack uninspirierter Routine und fühlen sich schnell gelangweilt.

Pflege und Verbindlichkeit sind jedoch etwas ganz anderes! Wer sich beständig um etwas kümmert – sei es um seine Partnerschaft oder um sein Motorrad oder sein Unternehmen –, der bleibt verbindlich in Beziehung damit. Er nimmt geistig und emotional Anteil an der Entwicklung, motiviert durch den Wunsch, dass sich die Dinge positiv und fruchtbar entfalten. Man ist bereit, etwas dafür zu tun und dieses Wachstum aktiv zu unterstützen.

Wenn man in der mittleren Phase keine rechte Kraft findet, dann bricht man sie vielleicht vorzeitig wieder ab. Es kann zwar richtig sein, sich nicht unnötig mit dem Durchhalten zu quälen, wenn man einen Fehler gemacht und eine Sache angefangen hat, die nicht passt. Andererseits ist es bedauerlich, wenn man zu früh aufgibt. Denn es wäre ein Irrtum, zu glauben, nach der berauschenden oder auch ängstigenden Phase des Anfangs könne es nichts wirklich Wichtiges oder Interessantes mehr geben. Niemand würde auf die Idee kommen, dass die mittleren 20 Kilometer eines Marathonlaufs weniger wichtig seien als die ersten oder die letzten zehn Kilometer. Wenn der Läufer denkt, dass der mittlere Abschnitt zwar wichtig, aber weniger interessant ist, braucht er umso mehr Kraft, um diese Strecke durchzuhalten. Er muss dann nämlich zusätzlich zu der körperlichen Anstrengung auch noch verstärkt mentale Energie aufbringen, um mit seinen Widerständen fertig zu werden. Auch die mittleren 20 Kilometer erfordern Interesse und Respekt, denn sie sind integraler Teil eines Prozesses, in dem jeder (!) Augenblick zählt. Was auch immer wir tun: Lassen wir uns mit Hingabe darauf ein. So können wir Widerstände überwinden und vielleicht sogar die Dinge als ineinanderfließend wahrnehmen. Wir hören auf, immer wieder zu fragen, ob uns die Aufgabe noch passt oder nicht. Hingabe löst die Trennung zwischen dem Handelnden und der Handlung auf, sodass wir uns tief verbunden mit allem fühlen.

»Jeder kann über sich hinauswachsen und etwas erreichen, wenn er es mit Hingabe und Leidenschaft tut.«

NELSON MANDELA | EHEMALIGER PRÄSIDENT VON SÜDAFRIKA

KENNEN SIE IHRE
BEDÜRFNISSE?

Ob man sich in seiner Lebensgestaltung wohlfühlt, hängt eng damit zusammen, wie klar man seine persönlichen Bedürfnisse wahrnimmt und ob man sie angemessen berücksichtigt. Der Ausdruck Bedürfnis ist hier nicht im ökonomischen Sinne gemeint. Es geht nicht um einen Bedarf und um Konsum- oder Kaufwünsche, die man sich vielleicht erfüllen kann und dadurch eine Zeit lang stolz und erfreut ist. Der Glücksflash ist meistens sehr kurz, weshalb man schon bald wieder einen neuen Wunsch hervorbringt, der befriedigt werden soll. Ein nachhaltiges Wohlgefühl kann man sich so jedoch nicht verschaffen.

GUT FÜR SICH SELBST SORGEN

Um welche Bedürfnisse geht es also? Lassen Sie uns zu den grundlegenden menschlichen Bedürfnissen schauen und fragen: Was brauche ich wirklich, um meine Lebensbasis gesund und stabil zu halten? Worauf muss ich besonders gut aufpassen, wenn sich in der nächsten Zeit einige wichtige Dinge in meinem Leben ändern?
Zur Beantwortung dieser Fragen brauchen wir wieder eine selbstfürsorgliche Perspektive – etwa so, als könnten wir uns aus dem Blickwinkel liebevoller Eltern oder Großeltern wahrnehmen, die unser Wohlergehen aufmerksam und verständig im Blick haben. Vielen Menschen fällt es schwer, sich selbst so freundlich und unterstützend zu begegnen. Doch auch wenn es am Anfang ungewohnt ist, können Sie darauf vertrauen, dass sich eine selbstfürsorgliche Haltung üben lässt. Versuchen Sie immer wieder, sich selbst aus einer zugewandten Perspektive wahrzunehmen und sich freundlich, mit ernst gemeintem Tonfall zu fragen: »Ist gut für mich gesorgt? Was brauche ich?«

GRUNDLEGENDE BEDÜRFNISSE

Zu den grundlegenden menschlichen Bedürfnissen zählt, dass

→ unsere physische Existenz gesichert und genährt ist (Nahrung, Kleidung, Unterkunft, medizinische Versorgung, Schutz, Ruhe),

→ wir uns geborgen und geliebt fühlen,

→ wir auch eigene Interessen und Ziele in unserem Leben entwickeln und umsetzen können,

→ wir auch Momente der Freude und der Leichtigkeit empfinden,

→ es ein gewisses Maß an Sinn und Orientierung gibt.

Werden diese Bedürfnisse über einen längeren Zeitraum außer Acht gelassen, fühlen wir uns unwohl, weil unsere Lebensbasis nicht mehr ausreichend versorgt ist. Wichtige und berechtigte Bedürfnisse bleiben unterversorgt. Versuchen Sie, darauf zu achten, dass in Ihrem Leben keine solche Mangelsituation entsteht. Die Erfüllung unserer grundlegenden Bedürfnisse ist immer ein berechtigtes Anliegen, um das wir uns ruhig und besonnen kümmern sollten.

WEITERE BEDÜRFNISSE

Abgesehen von den grundlegenden Bedürfnissen gibt es aber auch viele individuell geprägte und oft situationsabhängige Bedürfnisse. Werden sie vernachlässigt, kann dies ebenfalls zu einem spürbaren Unwohlsein oder einer emotionalen Unausgeglichenheit führen. Leider fehlt uns meistens die Achtsamkeit für das eigentliche Bedürfnis, um das es in solchen Momenten geht. Wir konzentrieren uns eher auf das Unwohlsein, weil wir es so schnell wie möglich wieder loswerden wollen. Tatsächlich ist die unangenehme Gefühlslage jedoch eine Aufforderung, etwas tiefer zu schauen und selbstfürsorglich zu überprüfen, welches wichtige Bedürfnis gerade übersehen wird. Das können Sie tun, indem Sie die unangenehme Gefühlslage akzeptieren, wie sie ist, und dann die Achtsamkeit auf das dahinterstehende Bedürfnis lenken: »Das ist wirklich gerade ein unangenehmes Gefühl … aber worum geht es eigentlich wirklich? Was brauche ich? Was habe ich übersehen?«

GRUNDBEDÜRFNISSE BEACHTEN

Besonders in Zeiten des Wandels, in denen man versucht, mit Veränderungen, Verlusten oder neuen Anforderungen zurechtzukommen, machen viele Menschen den Fehler, zu wenig auf ihre grundlegenden Bedürfnisse zu achten. Die mangelnde Selbstfürsorge schwächt jedoch auf die Dauer unsere Kräfte. Allenfalls ein kurzzeitiger Verzicht mag bei Abwägung aller Interessen vertretbar sein.

Die Fragen auf der folgenden Checkliste (siehe Seite 131) sollen Ihnen Anregung und Orientierung geben, regelmäßig auf Ihre grundlegenden Bedürfnisse zu achten und diese auch in Zeiten, in denen sich einiges in Ihrem Leben verändert, im Blick zu behalten. Sie können die Checkliste in Ihr Notizbuch übertragen und die Fragen regelmäßig beantworten. Wenn Sie möchten, können Sie sie auch um weitere Fragen ergänzen, deren Beachtung für Sie persönlich wichtig ist. Bitte achten Sie darauf, dass Sie sich die Fragen jedes Mal aus einer wohlwollenden Perspektive stellen (siehe Seite 32–38). Der Ton der fragenden Stimme in Ihrem gedanklichen Dialog sollte nicht streng oder drohend sein, sondern freundlich und ein ernsthaftes Interesse ausdrücken. Auf diese Weise können Sie im Blick behalten, was Sie grundlegend brauchen, damit Ihre Basis stabil bleibt.

SELBSTFÜRSORGE IST NICHT EGOISTISCH

Einige Menschen halten diese Fragen für egoistisch, weil sie so sehr das persönliche Wohlergehen in den Mittelpunkt stellen. Doch Selbstfürsorge ist ein wichtiges Thema, an dem sich unser Handeln auch mit orientieren muss. Ich halte die Auseinandersetzung mit den eigenen Bedürfnissen für genauso wichtig wie die Unterstützung und Hilfe für andere. Wem nützt es, wenn wir uns vernachlässigen und uns dadurch sogar schwächen? Im schlimmsten Fall kommen so in Veränderungsprozessen Entscheidungen zustande, die an den eigenen Bedürfnissen vorbeigehen und für viel Unzufriedenheit, Erschöpfung, Angst, Groll oder Langeweile sorgen. Wie wichtig es ist, die eigenen Bedürfnisse wahrzunehmen und zu kommunizieren, formulierte der bekannte amerikanische Psychologe und Konfliktmediator Marshall B. Rosenberg einmal so: »Immer wieder habe ich die Erfahrung gemacht, dass in dem Moment, wo Leute anfangen, über das zu sprechen, was sie brauchen, statt darüber, was mit dem anderen nicht stimmt, die Wahrscheinlichkeit, einen Weg zur Erfüllung aller Bedürfnisse zu finden, dramatisch ansteigt.«

Checkliste: Was brauche ich?

- Ernähren Sie sich gesund und trinken Sie ausreichend?

- Bewegen Sie sich tagsüber ausreichend an der frischen Luft?

- Wie viele Stunden schlafen Sie nachts? Und wie viele Stunden würden Sie tatsächlich brauchen?

- Fühlen Sie sich in Ihren engsten Beziehungen geliebt und geborgen?

- Gibt es in diesen engen Beziehungen etwas, auf das Sie schon lange verzichten und auf das Sie in Zukunft mehr achten wollen?

- Achten Sie darauf, sich selbst und anderen Wertschätzung und Akzeptanz entgegenzubringen?

- Was gibt Ihrem Leben einen gewissen Sinn und Orientierung?

- Welche eigenen Träume und Ziele haben Sie?

- Wie können Sie dafür sorgen, dass diese (trotz anstehender Veränderungen) in Ihrem Leben noch ausreichend Platz haben?

- Worauf wollen Sie achten, damit Leichtigkeit und Freude in Ihrem Leben nicht verloren gehen?

Worum geht es tatsächlich?

Michaela kam zu einem Coaching-Termin und erzählte, dass sie einen Antrag auf Teilzeitarbeit stellen wolle. Sie sei genervt und habe keine Lust mehr, Vollzeit zu arbeiten. Doch schon nach kurzer Zeit wurde in unserem Gespräch klar, dass es nicht die Arbeit war, die sie nervte, sondern sie hatte das Gefühl, auf der Stelle zu treten. Eigentlich hatte Michaela das Bedürfnis, sich beruflich weiterzuentwickeln, ihre Fähigkeiten auszubauen und zu zeigen, was sie konnte.

Stattdessen wurden ihr immer wieder Routinearbeiten zugeschoben. Sie war so enttäuscht, dass sie jetzt ihre Arbeitszeit reduzieren wollte. Im Laufe des Gesprächs wurde ihr klar, dass ihre eigentlichen Bedürfnisse (nach Selbstverwirklichung und Sinnhaftigkeit) zu kurz kamen und sie sich mehr darum kümmern musste. Das ließ sich jedoch nicht erreichen, indem sie weniger arbeitete!

Es tat Michaela gut, dies auf den Punkt zu bringen, denn damit klärte sich vieles für sie. Bisher hatte sie vor allem die Langeweile und ihre schlechte Laune wahrgenommen. Wir überlegten zusammen, was genau sie brauchen würde, um sich an ihrem Arbeitsplatz besser entfalten zu können. Welche Unterstützung brauchte sie dazu von ihrer Chefin, und was konnte sie selbst beitragen? Ich ermutigte Michaela, die neu gewonnenen Erkenntnisse ernst zu nehmen und ihre Chefin um ein Gespräch darüber zu bitten.

Innerhalb weniger Monate hatte sich Michaelas Situation spürbar verändert. Nach einem längeren Gespräch mit der Chefin übertrug diese ihr kurz darauf die Verantwortung für ein spannendes kleines Projekt. Michaela war froh, dass sie wieder Spaß an ihrer Arbeit fand. Sie hat sich vorgenommen, auch in Zukunft darauf zu achten, dass sie ihr berufliches Engagement im Blick behält. Es war für sie wichtig gewesen, hinter ihre Befindlichkeit zu schauen.

WAS IST MIR
WIRKLICH WICHTIG?

Wandel und Umbrüche in unserem Leben geschehen nicht völlig getrennt und unabhängig von uns selbst. Sie reißen uns nicht einfach mit, auch wenn es sich manchmal so anfühlen mag, als hätten wir wenig Einfluss. Tatsächlich können wir jedoch die meisten Entwicklungen mitgestalten. Wo dies nicht möglich ist, können wir immer noch entscheiden, welche Haltung wir zum Geschehen einnehmen (siehe auch Seite 82). Wer von den Veränderungen betroffen ist, muss zumindest eine Position finden, wie er damit umgehen will. Umso entscheidender ist es, sich klar zu sein, was einem selbst eigentlich wichtig ist und in welchen Werten man verankert ist.

WERTE, DIE UNS LEITEN

Grundsätze, Maßstäbe, Ideale oder Wertvorstellungen – damit sind vor allem Eigenschaften, Qualitäten und Überzeugungen gemeint, die man als wertvoll und wünschenswert erachtet. Sie spiegeln sich in entsprechenden Verhaltensweisen oder Charaktereigenschaften wider. Auch um eine Entwicklung in die gewünschte Richtung zu lenken, müssen wir uns darüber Gedanken machen, was uns wirklich wichtig ist. Außerdem hilft dieses Bewusstsein dabei, Verbündete und Weggefährten zu finden, die unsere Wertvorstellungen teilen. Es stärkt uns, wenn wir unsere persönliche Wertehierarchie kennen und auch im Blick behalten, denn auch sie kann sich verändern. Einige Eigenschaften und Qualitäten verlieren oder gewinnen je nach Kontext an Bedeutung, andere haben stabil einen hohen Stellenwert.

Für die seelische Gesundheit ist es jedenfalls wichtig, dass wir uns nicht in einen Lebens- oder Arbeitsstil schieben lassen, der unseren wichtigsten Wertvorstellungen zuwiderläuft. Je klarer wir uns bewusst sind, was für uns wirklich zählt, desto geringer ist die Gefahr, dass wir im Laufe von Umstrukturierungen und Veränderungsprozessen aus Unachtsamkeit am völlig falschen Ort landen.

PERSÖNLICHE WERTE KLÄREN

Die Werteklärung ist also von großer Bedeutung. Dadurch orientieren wir uns im Hinblick darauf, welche Richtung wir einem Veränderungs- oder Konsolidierungsprozess geben wollen. Es geht dabei noch nicht um konkrete Planungsgedanken, sondern um die Frage, welche Qualitäten, Eigenschaften oder auch Verhaltensweisen wir als so wichtig und wertvoll empfinden, dass wir diese aktiv in den Veränderungsprozess mit einbringen wollen. Aufrichtigkeit und Vertrauen sind beispielsweise für viele Menschen wichtige Werte. Es sind innere Steuerungsgrößen, nach denen sie sich ausrichten.

Ebenso lohnt es sich, Klarheit darüber zu entwickeln, was einem unwichtig ist und mit welchen Wertvorstellungen man sich nicht oder wenig identifizieren kann. Hier gibt es manchmal Überraschungen, weil sich viele persönliche Werte wandeln und man bei genauer und ehrlicher Betrachtung entdecken muss, dass manche davon, die man aus längst vergangenen Zeiten noch erinnert, aus heutiger Sicht für einen persönlich nicht mehr den gleichen Rang haben wie damals.

»Die Stufen der Leiter zu erklimmen nützt nichts, wenn die Leiter an der falschen Wand steht.«

STEPHEN COVEY | US-AMERIKANISCHER UNTERNEHMENSBERATER

Die Kostbarkeit der Zeit

Wir alle sind sterblich, aber wir können den Zeitpunkt unseres Ablebens nicht wissen. Tatsächlich ist jeder Tag kostbar.

- Schließen Sie einen Moment die Augen und fühlen Sie sich, so gut es Ihnen möglich ist, in dieses Bewusstsein ein. Überlegen Sie dann:
- Wie würde dieses Bewusstsein Ihre ganz normalen Alltagsentscheidungen beeinflussen?
- Was wäre Ihnen wichtig? Worauf würden Sie mehr achten?
- Was wäre Ihnen unwichtig?
- Womit würden Sie keine Lebenszeit mehr verschwenden?

Unsere Zeit ist begrenzt, und das Leben lässt sich nicht aufschieben. Gibt es einen besseren Grund als dieses klare Bewusstsein, um sich vor allem auf die Dinge zu konzentrieren, die einem wirklich wichtig sind? Die Übung oben auf der Seite ist ein erster Schritt dahin.

EINE SPRACHE FINDEN

Die meisten Menschen sind es nicht gewohnt, über ihre Wertvorstellungen nachzudenken. Unsere Wertvorstellungen sind jedoch immer relevant, wenn wir eine Situation oder ein Handeln gedanklich einordnen wollen. Ebenso sind unsere Werte auch wichtige Impulsgeber. Sie motivieren uns zu einem bestimmten Handeln und halten uns von anderen Handlungen ab, die nicht unseren Werten entsprechen. Doch uns ist oft nicht klar bewusst, welcher Wert tatsächlich hinter unserer Position steht und welche Priorität er in unserem Leben hat.

Werden wir dann gefragt: »Was ist dir eigentlich wichtig?«, kann es sein, dass uns zunächst die Worte fehlen – obwohl es in der deutschen Sprache über 100 Wertbegriffe gibt. Für dieses Buch habe ich einen Pool von Wertbegriffen erstellt (siehe Seite 137), der natürlich nicht vollständig sein kann. Ich hoffe, dass diese Begriffe dennoch eine gute erste Anregung sind, um das Thema tiefer gehend zu untersuchen. Letztendlich kommt es jedoch immer darauf an, wie Sie es selbst in Worte fassen, was Ihnen wichtig und wertvoll ist.

WERTEKLÄRUNG IN DREI SCHRITTEN

Persönliche Werte sind wichtige Entscheidungs- und Handlungskriterien. Erst das Bewusstsein dafür, was Ihnen wirklich wichtig ist, verschafft Ihnen die Möglichkeit, eine Handlungsentscheidung aktiv an den eigenen Werten auszurichten. Ebenso können Sie untersuchen, was Ihnen (inzwischen) unwichtig ist. Denn Unwichtiges kann ausrangiert werden, solange es nicht wesentliche Wertvorstellungen und berechtigte Interessen anderer Beteiligter betrifft.

Nach und nach entsteht durch diese wichtige Klärungsarbeit eine innere und äußere Ausrichtung, mit der man sich spürbar identifizieren kann. Dies kann einen deutlichen Motivationsschub auslösen, und man fühlt sich gestärkt und entschlossen, seinen Weg zu gehen.

WIE IHRE PERSÖNLICHE WERTESKALA ENTSTEHT

Erforschen Sie, welche Werte für Sie persönlich von Bedeutung sind. So kommen Sie zu einer sehr individuellen Bestandsaufnahme, die Ihnen spiegelt, welche Werte Sie persönlich leiten. Nehmen Sie sich dazu viel Zeit und gehen Sie in drei Schritten vor: Im ersten Schritt schreiben Sie auf, welche Eigenschaften, Qualitäten oder Überzeugungen Ihnen wirklich wichtig und wertvoll sind. Anschließend überlegen Sie im zweiten Schritt, welche Eigenschaften, Qualitäten oder Überzeugungen Ihnen nicht oder nicht mehr wichtig sind.

Wertepool von A–Z

Akzeptanz, Altruismus, Anerkennung, Ausgeglichenheit, Begeisterung, Beharrlichkeit, Besonnenheit, Dankbarkeit, Ehrlichkeit, Entscheidungsfreude, Fleiß, Freiheit, Freude, Fürsorglichkeit, Geduld, Gelassenheit, Gerechtigkeit, Gesundheit, Großzügigkeit, Güte, Harmonie, Hilfsbereitschaft, Humor, Integrität, Interesse, Kreativität, Loyalität, Mitgefühl, Mut, Nachhaltigkeit, Offenheit, Pflichtgefühl, Pünktlichkeit, Respekt, Sauberkeit, Sicherheit, Solidarität, Sorgfalt, Sparsamkeit, Teamgeist, Toleranz, Transparenz, Treue, Tüchtigkeit, Unabhängigkeit, Unbestechlichkeit, Verantwortung, Verlässlichkeit, Vertrauen, Weisheit, Würde, Zielstrebigkeit, Zuversicht.

Denken Sie bei den ersten beiden Schritten in Ruhe nach und schreiben Sie möglichst genau auf, was Sie meinen und was Sie konkret mit den Werten verbinden! Im dritten Schritt übertragen Sie Ihre Antworten in eine Skala von 1 bis 10, wobei die Zahl 1 für den höchsten Rang steht, den Sie einem Wert geben können, und die Zahl 10 für den niedrigsten Rang. Haben Sie also im ersten Schritt den Wert »Vertrauen« aufgeschrieben, ist er zunächst nur einer von mehreren wichtigen Werten für Sie. Doch wo steht er innerhalb Ihrer persönlichen Rangordnung? Hat Vertrauen oberste Priorität, dann tragen Sie es bei 1 ein. Gehört Vertrauen für Sie eher in den mittleren Bereich, dann passt vielleicht Rang 6. In den unteren Bereich der Skala (8–10) tragen Sie die Ergebnisse aus dem zweiten Schritt ein. Hier gibt es manchmal Überraschungen, weil man erkennt, dass bestimmte Werte, die man früher ohne viel nachzudenken für bedeutsam hielt, keine Orientierung mehr bieten und innerhalb der gesamten persönlichen Werteskala nachrangig sind. Auf der folgenden Seite finden Sie die Übung noch einmal Schritt für Schritt auf einen Blick zusammengestellt.

Wichtig oder unwichtig?

Nehmen Sie Stift und Notizbuch zur Hand und planen Sie ausreichend Zeit – mindestens 30–60 Minuten – ein.

Schritt 1: Was ist Ihnen wirklich wichtig?

Überlegen Sie in Ruhe und notieren Sie etwa 8–10 persönliche Werte.

- Welche Eigenschaften, Qualitäten oder Überzeugungen sind für Sie in Ihrer gegenwärtigen Lebenssituation wirklich wichtig?

- Was genau verbinden Sie mit den einzelnen Wertbegriffen? Nehmen Sie sich Zeit, Ihre Gedanken so gut wie möglich auf den Punkt zu bringen.

Schritt 2: Was ist Ihnen nicht (mehr) wichtig?

Denken Sie nun in Ruhe über die folgenden Fragen nach und machen Sie sich möglichst genaue Notizen:

- Was war Ihnen bisher in Ihrem Leben wichtig, jetzt aber nicht mehr, weil sich etwas verändert hat?

- Was war Ihnen selbst eigentlich noch nie so wichtig – obwohl andere in Ihrem engen Umfeld diesen Wert immer betonen?

Schritt 3: Sortieren

Ziehen Sie auf Papier eine senkrechte Linie und beschriften Sie sie von oben nach unten mit den Ziffern 1 bis 10. Tragen Sie nun Ihre Wertbegriffe in die Skala ein und überlegen Sie dabei in Ruhe, welchen Rang Sie dem jeweiligen Wert zuordnen. Mehrere Werte können gleich wichtig oder unwichtig sein.

1 = höchster Rang

2-3-4 = übergeordnete Ränge

5-6-7 = mittlere Ränge

8-9-10 = untergeordnete Ränge

Betrachten Sie nun Ihre persönliche Skala.

- Fühlt sie sich stimmig an?

- Fehlt etwas?

- Sind Sie überrascht? Was wird Ihnen klarer?

Wenn Sie mögen, erzählen Sie einem Freund oder einer Freundin von Ihren Beobachtungen während dieser Übung.

Die folgenden Fragen können Sie nutzen, um sich noch klarer in Ihren Werten auszurichten und zu verankern:

- Stimmt Ihre derzeitige Lebensgestaltung mit Ihren wichtigsten Werten überein?

- Was könnten Sie tun, um sich in Ihrem Verhalten noch klarer an dem zu orientieren, was Ihnen wichtig und wertvoll ist? Was wäre ein erster kleiner Schritt in diese Richtung?

- Wie könnten Sie sicherstellen, sich auch im Umgang mit anstehenden Veränderungen und Umstrukturierungen an Ihren wichtigsten Werten zu orientieren?

Wenn Sie mögen, erzählen Sie einem Freund oder einer Freundin von Ihren Beobachtungen und Erkenntnissen aus dieser Übung.

WERTESKALA PRAKTISCH ANGEWENDET

1. Vor oder in Veränderungsprozessen: Diese Übung ist besonders angebracht, wenn Sie sich im Hinblick auf anstehende Veränderungen orientieren wollen. Beantworten Sie in diesem Fall die Fragen in Schritt 1 und 2 speziell im Hinblick auf den Lebensbereich, der von den Veränderungen betroffen ist. Stehen Sie beispielsweise vor der Frage, ob Sie sich wieder für eine neue Partnerschaft öffnen wollen, dann überlegen Sie in Schritt 1 möglichst genau, welche Eigenschaften,

Qualitäten und tragenden Überzeugungen Ihnen in einer neuen Partnerschaft wichtig und wertvoll wären. In Schritt 2 formulieren Sie, was Ihnen nicht oder nicht mehr wichtig ist oder sogar einer Partnerschaft im Wege stehen würde, weil es nicht zu dem passt, was Sie in Schritt 1 klar benannt haben. Dann fahren Sie mit Schritt 3 fort.

2. In Wachstums- und Erhaltungsphasen: Auch wenn Sie sich im Moment nicht vor oder in einer konkreten Umbruchphase befinden, können Sie diese Übung jederzeit nutzen, um bewusst in Worte zu fassen, welche Werte Sie derzeit leiten und was damit für Sie zählt und wichtig ist. Sie geben Ihnen eine recht genaue Orientierung, auf was Sie achten wollen, wenn Sie eine Sache pflegen und kultivieren oder weiter ausbauen möchten.

3. Mit dem Partner und in der Gruppe: Sie können die Übung auch mit mehreren Personen machen. Partner können diese Übung nutzen, um darüber ins Gespräch zu kommen, was für sie beide wichtig ist und was sie gemeinsam trägt – beispielsweise, wenn sie zusammenziehen wollen. Als kleine Gruppe oder kleines Team (maximal fünf Personen) können Sie sich mithilfe dieser Übung gemeinsam auf eine neue Entwicklung oder eine Umstrukturierung – zum Beispiel in einem Betrieb – einstellen.

ÜBUNG

Wertefindung als Paar oder Team

Als Paar: Beide Partner bearbeiten die Schritte 1 bis 3 im Hinblick auf die Partnerschaft für sich selbst. Ergänzend nehmen Sie dann Schritt 4 dazu. Achten Sie in jedem Fall darauf, wertschätzend miteinander umzugehen. Sie sprechen über Dinge, die für den anderen sehr wichtig sind!

Schritt 4: Wertschätzender Dialog

- Einigen Sie sich zunächst, wer zuerst spricht und wer zuhört, und überlegen Sie sich einen Zeitrahmen (Vorschlag: 10–20 Minuten pro Person). Der Sprecher schaut auf seine Werteskala und erzählt dann, welche Eigenschaften, Qualitäten und Überzeugungen für ihn in der gemeinsamen Partnerschaft wichtig sind und was er mit ihnen verbindet.

- Wenn es dabei Unsicherheiten und Widersprüche gibt, ist dies kein »Fehler«, sondern die Wahrheit. Manchmal lösen sich Spannungen, wenn man seine Unklarheit akzeptiert und zu diesen Widersprüchen steht. Es ist nicht notwendig, sie zu beurteilen oder sofort nach einer Lösung zu suchen. Es geht darum, sich selbst und den anderen besser zu verstehen.

- Der Zuhörer bleibt achtsam und wohlwollend. Er lässt dem Sprecher viel Raum, um zu fühlen und zu überlegen, was dieser sagen will. Er redet nicht dazwischen, gibt keine Tipps und erzählt auch erst von sich, wenn er dran ist! An passender Stelle kann er aber Verständnisfragen stellen: »Was genau meinst du?«, »Was glaubst du: Wodurch wird diese Qualität erzeugt?«, »Wofür ist diese Qualität wichtig?« »Welchen Sinn macht sie für dich?«, »Woran erkennen wir deiner Meinung nach, dass unser Verhalten diesem Wert entspricht?«

- Der Sprecher kann solche Fragen aufgreifen oder auch die Antwort offenlassen und sagen: »Das weiß ich im Moment noch nicht.«

- Abschließend bedanken Sie sich beieinander und tauschen dann die Rollen. Sie können vor dem Rollentausch auch eine kurze meditative Pause machen.

Als Gruppe oder Team: Führen Sie jeder für sich Schritt 1 bis 3 mit Blickrichtung auf die Zusammenarbeit aus. Oder definieren Sie gemeinsam ein aktuelles Thema, das Sie alle betrifft und Sie dazu herausfordert, eine tragende Basis miteinander zu erarbeiten und anschließend weiter zu kultivieren. Den wertschätzenden Dialog in Schritt 4 passen Sie dann so an, dass Sie sich nicht zu zweit austauschen, sondern als Gruppe.

VOM ZIEL HER
DENKEN

Mit den Anforderungen, die der stetige Wandel an uns stellt, können wir auf unterschiedliche Art umgehen. Eine Möglichkeit ist es, sich auf die laufende Entwicklung zu fokussieren und von Tag zu Tag achtsam immer mit dem zu arbeiten, was gerade ansteht. Man nimmt eine Haltung ein, die zentriert, aber offen ist für alle neuen Entwicklungen, und arbeitet jeweils direkt mit der aktuellen Situation. Dies hat natürlich viele Vorteile, insbesondere, weil es die Chance bietet, sehr gegenwartsorientiert mit den jeweils aktuellen Fragen und Problemen umzugehen. Andererseits muss man sich auch ein wenig davor hüten, dass man nicht in der rein prozessorientierten Bewältigung des Tagesgeschäfts seine Ziele und Motive verliert und sich irgendwann erschöpft fragt: »Warum mache ich das eigentlich alles?«

WAS IST FÜR MICH STIMMIG?

Die andere Möglichkeit ist, sich bei der Gestaltung von Veränderungen an einem Ziel zu orientieren. Damit ist nicht gemeint, auf materieller Ebene ein neues Ziel zu definieren, indem man überlegt, was genau man als Nächstes gerne hätte oder wäre. Bei der Gestaltung von Lebensveränderungen geht es um mehr, nämlich auch darum, in sein Lebensgefühl zu lauschen und neue Entwicklungen zuzulassen, die unseren Lebensweg bereichern. Zielorientiertes Arbeiten im Rahmen von persönlichen Veränderungsprozessen bedeutet zunächst, dass man die Gelegenheit wahrnimmt, tiefer nach innen und außen zu schauen und sich so klarzumachen, wo man gerade steht – und wohin es einen ruft: Welche Ideen und Möglichkeiten entstehen, wenn wir uns geistig den Raum geben, auch neue Wege zu gehen?

Es kann eine gewisse Zeit dauern, bis man eine tragfähige persönliche Zielvision entwickelt, die dann Schritt für Schritt prozessorientiert umgesetzt werden kann. Der Ausdruck Zielvision bedeutet in diesem Zusammenhang, dass man es sich erlaubt, ein Ziel möglichst breit und umfassend anzulegen. Eine Zielvision hat daher neben materiellen Zielen auch Raum für persönliche Werte, Bedürfnisse, Emotionen und vor allem für Träume und Unbewusstes, das zum Leben erwachen will. Die entscheidende Frage ist: »Wie kann ich mich innerlich so feinfühlig sortieren, dass ich bewusst und absichtsvoll etwas Neues entstehen lassen kann, das für mich stimmig ist?«

EINE ZIELVISION ENTWICKELN

Ich möchte Ihnen eine praxisorientierte Methode vorstellen, an der Sie sich orientieren können, wenn Sie eine Veränderung oder Weiterentwicklung auf den Weg bringen möchten. Diese Technik arbeitet mit dem einfachen Trick, dass man sich Zeit und Raum gibt, sein Anliegen aus unterschiedlichen Perspektiven zu beleuchten und zu durchdenken. Inspiriert wurde diese Methode durch die Walt-Disney-Strategie, eine Kreativitätstechnik mit verschiedenen Rollen (Träumer, Realist, Kritiker). Meine Methode ist jedoch wesentlich meditativer angelegt.

WARUM UNTERSCHIEDLICHE PERSPEKTIVEN?

Welchen Vorteil hat es, sein Anliegen aus unterschiedlichen und voneinander getrennten Perspektiven zu untersuchen? Die Methode basiert auf der Erfahrung, dass es gerade in Zeiten des Umbruchs oder einer notwendigen Weiterentwicklung ein reges Durcheinander an widersprüchlichen Gedanken und Gefühlen gibt, weil plötzlich viele Fragen offen sind. Es ist so ähnlich wie auf einer Konferenz, bei der Experten aus unterschiedlichen Disziplinen eingeladen sind, zum gleichen Thema zu sprechen. Bevor es losgeht, reden alle durcheinander. Dann aber bittet der Moderator um Ruhe und sorgt dafür, dass jeder einzelne Experte seine Sicht auf das Thema vortragen kann. Jeder bekommt das Recht, zu reden und gehört zu werden. Im Laufe der Konferenz kommen alle zu Wort. Die Einwände und Hinweise jedes einzelnen Experten werden ernst genommen und abgewogen. Durch diesen Prozess wird das Thema übersichtlich und umfassend. Vielleicht formt sich sogar ein gemeinsames Ziel und ein erster Handlungsplan. In ähnlicher Weise kann man auch vorgehen, wenn man aufgrund einer sich abzeichnenden Veränderung in seinem Leben viele wichtige, aber noch ganz unsortierte Gedanken hat. Es findet ja meistens erst einmal ein reges Hin und Her im Denken statt, bei dem alles durcheinander»redet«. Die Aufmerksamkeit wird bei dieser inneren Diskussion mal in die eine und dann wieder in die andere Richtung gezerrt. Nach einer Weile hat man das Gefühl, sich im Kreis zu drehen. Das Durcheinander ist anstrengend. Daher brauchen wir einen Weg, um ein wenig Ordnung in dieses Gedankenkarussell zu bringen.

FÜNF VERSCHIEDENE BLICKWINKEL

Ich habe dafür die Fünf-Perspektiven- oder Fünf-Phasen-Methode entwickelt (siehe Kasten Seite 145). In jeder Phase nehmen Sie ganz klar nur die jeweilige Perspektive ein.

Die mittleren drei Phasen (Traum/Idee, Plan, Prüfung) lassen sich auch mit der Konzeption eines Hauses vergleichen. Sie entsprechen der Zeit von der Idee bis zur Baugenehmigung.

→ Damit das Haus entstehen kann, muss der Eigentümer des Grundstücks anfangen, von seinem Haus zu träumen. Er muss eine Vorstellung entwickeln, was für ein Haus er haben will.

→ Mit diesen ersten aufregenden und noch ganz freien Ideen sucht er sich einen Architekten. Dieser prüft den Haustraum auf seine Realisierbarkeit und setzt ihn in einen Bauplan um.

→ Danach wird der Bauantrag bei der Baubehörde gestellt. Ein kritisches Nadelöhr, durch das vermeidbare Risiken ausgeschlossen werden sollen. Sobald die Genehmigung erteilt ist, kann der Bau beginnen.

Die Fünf-Phasen-Methode

Bei dieser Methode schaut man aus unterschiedlichen Perspektiven auf sein Thema. Jede davon ist gleich wertvoll und beleuchtet einen anderen Aspekt des Veränderungsprozesses, den Sie auf den Weg bringen wollen. Auf diese Weise können Sie die jeweiligen Gedanken und Gefühle bewusst und in Ruhe wahrnehmen. Es geht immer darum, für sich einen stimmigen Weg zu entwickeln. Ich habe das Vorgehen in fünf Phasen unterteilt, die Sie mit Ihrem Entwicklungsthema nacheinander durcharbeiten sollten:

- Phase 1: Sich fokussieren und ausrichten
- Phase 2: Träume und Ideen entfesseln
- Phase 3: Einen Plan schmieden
- Phase 4: Konstruktive Überprüfung auf Fehler und Risiken
- Phase 5: Die Perspektive der mitfühlenden Weisheit

Wichtig ist es zu verstehen, dass jeder dieser drei Experten eine eigene, tragende Rolle hat. Doch sie müssen in der richtigen Reihenfolge handeln und sich darauf beschränken, die ihnen zugewiesenen Aufgaben zu erfüllen. Wird beispielsweise der Bauantrag zu früh gestellt, ist der Plan möglicherweise noch unausgereift und auch noch nicht vollständig. Ebenso kontraproduktiv ist es, wenn man zu früh seine Träume mit einem »Ja, aber …« durchkreuzt. Eine zu früh einsetzende Fehlersuche kann unsere Träume schon im Keim ersticken und ist auch gar nicht notwendig. Effizienter ist es, wenn man der Grundstruktur dieser Methode vertraut und ihr folgt. Sich fokussieren und ausrichten hat seine Zeit. Träumen hat seine Zeit. Planen hat seine Zeit. Die konstruktive Überprüfung hat ihre Zeit. Und der weise, mitfühlende Blick auf das Ganze hat seine Zeit.

JEDE PERSPEKTIVE HAT IHREN PLATZ

Planen Sie für die Entwicklung Ihrer persönlichen Zielvision ein bis zwei Stunden ein. Am besten schalten Sie Ihr Telefon aus, sodass Sie ungestört bleiben. Idealerweise nehmen Sie in jeder Phase einen Platz oder eine Position ein, die den jeweiligen Fokus unterstützt, um den es gerade geht. Als Ausgangsposition eignet sich ein einfacher Stuhl, auf dem Sie gerne sitzen und sich wohlfühlen. Er dient Ihnen als Basis, auf die Sie immer wieder zurückkommen werden. Für die Phase der Ideensammlung können Sie einen bequemen Sessel wählen oder sich auf Ihre Lieblingscouch lümmeln, auf der Sie viel Platz haben und sich entspannen können. Hier lassen Sie Ihren Ideen freien Lauf!

In der anschließenden Phase beginnen Sie, die Veränderung, die Sie sich wünschen, konkret zu planen. Sie entwerfen die Architektur für Ihren Umbau. Wählen Sie einen Platz, der Klarheit und Stabilität verkörpert, etwa einen großen Küchentisch oder auch den Fußboden.

In der vierten Phase kommt der Plan in die Risiko- und Fehlerprüfung. Hier gilt es, sehr genau zu sein. Mein Vorschlag: Setzen Sie sich dazu an Ihren Schreibtisch, schalten Sie das Licht an und legen Sie einen Rotstift bereit.

Für die Perspektive der mitfühlenden Weisheit legen Sie Ihre Notizen auf Ihren Ausgangsstuhl und stellen sich dahinter. Malen Sie sich aus, dass Ihnen ein weiser Freund, der Ihre Pläne im Blick hat, wohlwollend über die Schultern schaut. Gleichzeitig stärkt er Ihnen den Rücken.

IN DER ROLLE BLEIBEN

Wichtig ist, dass Sie innerhalb einer Phase nicht die Perspektive wechseln, sondern ganz in der Rolle des Träumers, Planers, Prüfers oder Weisen bleiben. Achten Sie besonders in der zweiten Phase darauf, sich nicht zu zensieren. Lassen Sie kein »Ja, aber …« dazwischenkommen, wenn Sie Ihrer Fantasie und Ihren Lebensträumen freien Lauf lassen. Sollten Sie diesen Gedanken bemerken, geben Sie sich immer wieder erneut die Freiheit zu träumen!

Auch die Planungsphase ist sehr anfällig für destruktive Gedanken. Häufig meldet sich hier der »innere Kritiker« zu Wort, der Ihre Ideen, Wünsche und Bedürfnisse lächerlich macht. Typisch dafür sind Gedanken wie »Das ist ja wohl eine Nummer zu groß für dich!«. Lassen Sie sich nicht entmutigen! Das ist nur ein Gedanke, den man sich angewöhnt hat zu denken, nachdem man ihn mal irgendwann zu hören bekommen hat. Stellen Sie ihn getrost beiseite. Sie dürfen Ihr Leben selbst gestalten!

Genauso wichtig, wie in der jeweiligen Perspektive zu bleiben, ist es, einen klaren Perspektivwechsel von Phase zu Phase zu vollziehen. Das heißt, Ihre Art zu denken ändert sich. Während Sie in Phase 2 frei und hemmungslos fantasieren und vom Hundertsten ins Tausendste kommen können, brauchen Sie in Phase 3 mehr Fokussierung und organisatorisches Denken. Gleichzeitig sollten Sie sowohl die Details als auch das Ganze im Blick behalten. In Phase 4 ändert sich die Perspektive wiederum: Sie treten gewissermaßen einen Schritt näher heran, um besser sehen zu können, wie schlüssig der Plan ist, ob etwas fehlt oder ob es einen Denkfehler gibt. Machen Sie sich diese Unterschiede zwischen den Perspektiven klar und wechseln Sie zwischen den Phasen ganz bewusst die Rollen. Die verschiedenen Plätze (siehe Seite 146) helfen Ihnen dabei.

FREUNDLICH MIT SICH SELBST UMGEHEN

Nehmen Sie eine wohlwollende Haltung sich selbst gegenüber ein (siehe auch Seite 28 und 128), damit Sie Ihr Ziel und den Weg dorthin finden können. Das heißt: Ärgern Sie sich nicht über sich, wenn Ihr innerer Zensor und Kritiker Sie beim Träumen und Planen stören. Lassen Sie die destruktiven Gedanken vorüberziehen und wenden Sie sich geduldig immer wieder der eigentlichen Aufgabe zu. Besonders in der Prüfungsphase (Phase 4) sollten Sie darauf achten, konstruktiv zu bleiben, und Ihre kritische Perspektive in den Dienst der Sache stellen – Sie wollen, dass das Vorhaben gelingt!

ÜBUNG

Die ersten drei Schritte

Lesen Sie zuerst die Ausführungen ab Seite 143 aufmerksam durch und legen Sie Notizbuch und Stift bereit. Auch größere Blätter Papier und Buntstifte können Sie gut gebrauchen.

Phase 1: Sich fokussieren und ausrichten

Setzen Sie sich zunächst an Ihre Ausgangsposition, nehmen Sie eine angenehme Haltung ein und atmen Sie einige Male tief aus und ein. Richten Sie Ihre Aufmerksamkeit dann auf den Bereich Ihres Lebens, für den Sie eine Veränderung in Gang bringen wollen. Versuchen Sie, sich der Situation ganz zuzuwenden, um Ihren Wunsch nach Veränderung, Weiterentwicklung oder einen Neubeginn wahrnehmen zu können. Sie müssen dabei noch keineswegs wissen, wohin die Entwicklung genau gehen soll. OFt fühlt man sich nur mit der gegenärtigen Situation unwohl und weiß, dass es so nicht weitergehen kann und etwas passieren muss.

Phase 2: Träume und Ideen entfesseln

Wechseln Sie nun Platz und Perspektive und lehnen Sie sich entspannt zurück. Erinnern Sie sich noch, wie es war, als Sie mit einem vertrauten Freund nächtelang darüber redeten, was Ihnen wichtig ist und was Sie gerne einmal machen würden? Jetzt geht es um genau diese Art der Freiheit, Ideen auszuspinnen. Überlegen Sie ohne Hemmungen, was Sie am allerliebsten aus Ihrer Situation machen würden. Sie dürfen Ihrer Fantasie völlig freien Lauf lassen. Was soll schon passieren? Sie dürfen emotional sein, ins Träumen oder sogar ins Schwärmen geraten. Es gibt auf diesem Platz keine Beschränkungen. Alles ist denkbar. Was soll sich in Ihrem Leben verändern? Was wäre das Beste, was passieren könnte? Was haben Sie noch nicht ausprobiert? Schreiben, kritzeln, malen oder skizzieren Sie alles, was Ihnen dazu einfällt – so viel, wie Sie möchten. Alles ist gleich wichtig.

Wenn Sie fertig sind, stehen Sie auf und verlassen bewusst diese Perspektive, indem Sie sich bewegen: Schütteln Sie sich ein wenig aus und öffnen Sie für einen Moment das Fenster. Dann setzen Sie sich wieder auf Ihren Ausgangsplatz und schließen die Augen. Lauschen Sie aufmerksam in Ihren Körper. Lassen Sie sich Zeit dafür. Beobachten Sie, welche körperlichen Signale Sie wahrnehmen können, und zentrieren Sie sich wieder über den Atem in Ihrer Mitte. Nach 2–3 Minuten öffnen Sie die Augen wieder.

Phase 3: Einen Plan schmieden

Setzen Sie sich mit Ihren Notizen aus Phase 2 an Ihren Planungsplatz. Erinnern Sie sich an eine Situation in der Vergangenheit, in der Sie ein Vorhaben klug geplant und erfolgreich umgesetzt haben? Auch jetzt brauchen Sie wieder ein ähnliches Geschick, die Dinge vorauszudenken und zu ordnen. Breiten Sie Ihre Notizen vor sich aus. Was ist Ihre Lieblingsidee? In welche Richtung soll es gehen? Haben Sie schon ein Ziel für die anstehende Veränderung? Vielleicht können Sie zu diesem Zeitpunkt auch nur ein erstes kleines Zwischenziel benennen. Versuchen Sie, dieses so genau wie möglich zu formulieren, und vervollständigen Sie den Satz: »Ich möchte ...« Lassen Sie das (Zwischen-)Ziel dann einen Moment auf sich wirken und überlegen Sie, wie Sie diese Veränderung klug angehen könnten. Die folgenden Fragen können Ihnen bei der Planung Ihres Vorhabens helfen:

- Was genau will ich erreichen?
- Was brauche ich dafür, und wie bekomme ich es?
- Was muss ich loslassen?
- Was habe ich bereits an Fähigkeiten und Ressourcen?
- Was muss ich dazu lernen?
- Wie viel Geld brauche ich dafür?
- Wer kann mir helfen? Mit wem kann ich kooperieren? (Netzwerk?)
- Welche Zwischenziele sind sinnvoll?
- Was wäre der erste kleine Schritt in die richtige Richtung?

Fortsetzung auf Seite 150

Fortsetzung von Seite 149

Von unseren Veränderungen sind immer auch andere betroffen. Falls Sie beispielsweise vorhaben, beruflich etwas kürzerzutreten, hätte dies vermutlich spürbare Auswirkungen auf das Zusammenleben mit Ihrem Partner oder Ihrer Partnerin. Überlegen Sie immer, welche Auswirkungen es auf andere haben könnte, wenn Sie Ihr Ziel umsetzen. Die folgenden Fragen können Sie bei einem umsichtigen Umgang mit Ihren Mitmenschen unterstützen.

- Wer wird direkt oder indirekt von der Veränderung, die ich auf den Weg bringen will, betroffen sein?
- Was gewinnen und was verlieren die anderen dadurch? Welche Reaktionen sind zu erwarten? Wie werden sie sich durch die Veränderungen fühlen?
- Was kann ich tun, um unnötige Konflikte zu vermeiden?
- Wie kann ich meine eigenen Interessen umsetzen und mich gleichzeitig in Rücksicht und Respekt für die Interessen der anderen üben?

WERKZEUGE FÜR DIE PLANUNGSPHASE

Notieren oder skizzieren Sie Ihre Planungsgedanken. Um sie übersichtlich zu ordnen, können Sie Listen und Tabellen anlegen oder eine »Mindmap«, eine »Landkarte der Gedanken«, erstellen: Nehmen Sie ein großes Blatt Papier und schreiben Sie Ihr Ziel in die Mitte, zum Beispiel das Wort »Weltreise«. Für jeden Themen- und Fragenbereich, der mit diesem Ziel verknüpft ist, ziehen Sie jeweils eine breite Linie von der Mitte nach außen und schreiben dann je ein Thema oder eine Frage direkt an eine Linie, zum Beispiel: Länder? Reisepartner? Finanzierung? Gesundheit? Für Detailfragen können Sie dann schmale Linien abzweigen lassen, auf denen Sie ein spezielles Thema oder auch schon eine Antwort benennen, zum Beispiel eine schmale Linie für Alaska, Australien oder Indien. Falls verschiedene Reisepartner infrage kommen, schreiben Sie deren Namen jeweils auf eine schmale Linie.

Entsprechend verfahren Sie bei Finanzierungs- (Wohnung vermieten, Jobben on Tour) oder Vorsorgeideen (Check-up, Reisekrankenversicherung). Es können sich so auch Verbindungen ergeben, zum Beispiel: mit Anna nach Australien (weil sie sich dort auskennt) oder mit Michael nach Indien (weil wir oft davon gesprochen haben).

Die Mindmap ist ein praktisches Planungstool, um den Überblick zu behalten. Sie kann jederzeit ergänzt werden. Für Detailfragen und die Planung einzelner Arbeitsschritte eignen sich aber besser Listen und Tabellen, denn jetzt muss priorisiert werden: Welche Themen müssen zuerst geklärt werden? Welche haben mehr Zeit? Was kann erst geklärt werden, wenn andere Planungsfragen entschieden sind? Hilfreich ist es, die Aufgaben nach Wichtigkeit und Dringlichkeit zu sortieren.

→ Mit dem Grad der »Wichtigkeit« wird bewertet, welche Bedeutung die Erledigung der Aufgabe im gesamten Vorhaben hat.

→ Der Grad der »Dringlichkeit« dagegen sortiert die Aufgabe in den Zeitablauf ein.

Eine Aufgabe kann demnach zwar wichtig sein, ist damit aber nicht automatisch auch dringend. Wenn Sie planen, im nächsten Jahr auf Weltreise zu gehen, und wissen, dass Ihr Reisepass in vier Monaten abläuft, ist es wichtig, dass Sie einen neuen Pass beantragen. Aber Sie müssen es nicht gleich in dieser Woche machen. Obwohl die Sache also wichtig ist, ist sie nicht dringend.

Aufgaben, die dringend, aber nicht überaus wichtig sind, sollte man dagegen delegieren oder mit möglichst wenig Aufwand erledigen. Falls Sie einen Tag vor Abflug bemerken, dass Sie einen Freund noch nicht nach einer bestimmten Adresse in den USA gefragt haben, können Sie sich am Telefon (freundlich) kurz fassen – oder ihm eine SMS schicken. So erhalten Sie die Information mit wenig zeitlichem Aufwand.

Bei einigen Themen ist es entscheidend, im Blick zu haben, (bis) wann die Sache erledigt sein soll. Wenn Sie vor Ihrer Weltreise noch zum Zahnarzt müssen, könnten Sie die Behandlung beispielsweise so planen, dass sie einige Monate vor Abreise abgeschlossen ist.

Prioritäten setzen

	Sehr wichtig	Von Bedeutung	Wenig wichtig
Dringend	Diese Aufgaben haben Priorität	Diese Aufgaben bald erledigen	Wer kann mir das abnehmen?
Zu erledigen bis	Wann soll es fertig sein?	Wann soll es fertig sein?	Wann soll es fertig sein?
Nicht dringend	Im Blick behalten	Im Blick behalten	Diese Aufgaben aussortieren

Schließlich gibt es noch Themen, die in der Planung auftauchen, aber bei genauerer Betrachtung weder wichtig noch dringend sind. Am besten lässt man sie unter den Tisch fallen und spart sich die Zeit. Oben auf der Seite sehen Sie eine Tabelle, mit der sich Aufgaben nach Wichtigkeit und Dringlichkeit sortieren lassen. Füllen Sie eine solche Tabelle mit Ihren eigenen Planungspunkten. Sie muss dann allerdings regelmäßig aktualisiert werden. Auf diese Weise bleiben Sie fokussiert auf die wesentlichen Aufgaben in Ihrem Gestaltungsprozess.

Sie sehen schon: Pläne und Entwürfe brauchen Zeit zum Reifen. Häufig sind mehrere Anläufe notwendig, bis ein Plan fertig ist und sich stimmig anfühlt. Sie werden diese Perspektive also vielleicht öfter einnehmen. Das ist normal, daher sollten Sie sich nicht entmutigen lassen, wenn Sie an Ihrem Plan ein wenig tüfteln müssen.

Manchmal ist es auch gut, einzelne Fragen mit einem Freund zu besprechen, oder es wird notwendig, einen Experten hinzuzuziehen (beispielsweise bei Rechtsfragen), wenn die weitere Planung davon abhängt. Beenden Sie Phase 3 aber jedes Mal ganz bewusst: Legen Sie Papier und Stifte beiseite. Was vergessen wurde, können Sie später noch ergänzen. Verlassen Sie Ihren Platz und legen Sie die Planungsperspektive wieder ab, indem Sie die Phase beenden, wie in Phase 2 beschrieben (Seite 149 oben).

Die Schritte vier und fünf

Nun sollen Ihr Plan und Ihr ganzes Vorhaben rational und intuitiv auf Machbarkeit und Sinngehalt überprüft werden.

Phase 4: Konstruktive Überprüfung auf Fehler und Risiken

Setzen Sie sich mit Ihrem aus Phase 3 gewonnenen Entwurf auf den Platz, den Sie für die Phase 4 bereitgehalten haben. Stellen Sie sich vor, dass Sie den Entwurf das erste Mal vorgelegt bekommen. Schauen Sie so auf den Plan wie jemand, der möchte, dass die Umsetzung gelingt und dabei möglichst viele vorhersehbare Risiken und Gefahren ausgeschlossen werden. Achten Sie auch darauf, wie viel weiteres Potenzial in den Ideen steckt: Lässt sich langfristig noch mehr daraus machen? Die folgenden Fragen helfen Ihnen bei der Überprüfung:

- Führt der Plan zum Ziel? Sind alle Punkte nachvollziehbar?
- Wurden alle wichtigen Bedürfnisse und Werte berücksichtigt?
- Was wurde übersehen?
- Wo gibt es widersprüchliche Kräfte oder Interessen? Ist Raum für beide Seiten?
- Welche Risiken gibt es? Wurden sie angemessen berücksichtigt?
- Sind auch die Interessen derjenigen einbezogen, die direkt und indirekt von den Auswirkungen der Veränderung betroffen sind?
- Wie ist das Verhältnis von Aufwand und individuellem Gewinn? Gibt es einen gemeinschaftlichen Gewinn?
- Wem würde es nützen, wenn die gewünschte Veränderung nicht stattfindet?
- Passt der Zeitpunkt?
- Was könnte man an dem Plan noch verbessern?

Fortsetzung auf Seite 154

Fortsetzung von Seite 153

Notieren Sie alle Anmerkungen direkt in Ihre Planungsnotizen oder auf ein zusätzliches Blatt Papier. Legen Sie Papier und Stift beiseite. Und beenden Sie die Prüfungsphase wie Phase 2 (Seite 149 oben).

Phase 5: Die Perspektive der mitfühlenden Weisheit

Die Perspektive des Weisen ist ein Blickwinkel, der eigentlich immer seine Zeit hat. Denn es ist eine übergeordnete Perspektive, ein wichtiges Korrektiv, das im Notfall ein Vetorecht haben sollte. Bei der Fünf-Phasen-Methode ist sie jedoch besonders wichtig, denn die Weisen schauen genau. Sie sehen auch, was verborgen ist, und zeigen uns voll Mitgefühl den Weg.

Legen Sie alle Notizen auf den Basisstuhl Ihrer Ausgangsposition und stellen Sie sich dahinter. Vertrauen Sie Ihrer intuitiven Weisheit und lassen Sie Ihr Änderungsvorhaben auf sich wirken. Öffnen Sie sich für alle intuitiven Signale und Impulse, für innere Bilder, Farben und Gedanken, für Emotionen, Ängste und Sehnsüchte, die jetzt möglicherweise vor Ihnen auftauchen und vorüber-ziehen. Atmen Sie ruhig ein und aus. Lauschen Sie auch auf Ihre Körperempfin-dungen. Fühlt sich die angestrebte Veränderung intuitiv stimmig an? Nach einer Weile beenden Sie die Phase in der gewohnten Weise.

Falls in dieser Phase Zweifel aufkamen, legen Sie Ihre Unterlagen beiseite und schlafen Sie mindestens eine Nacht darüber. Danach wiederholen Sie die Phase 5 und beobachten noch einmal Ihre intuitive Reaktion auf das Vorhaben.

DIE ZIELVISION ABSCHLIESSEN

Sie haben mit dieser Methode vermutlich viele neue Ideen und einen ersten Plan entwickelt. In den letzten beiden Phasen sind möglicher-weise bestimmte Aspekte klarer geworden, die Sie am Anfang über-sehen hatten, aber bei der Planung mit berücksichtigt werden müssen. Dazu gehen Sie jetzt wieder zurück zu Phase 2 (Seite 148). Lassen Sie Ihrer Idee, Ihrem Ziel noch einmal Zeit, sich umzubauen. Danach gehen Sie erneut in die Planungsphase (Seite 149) und passen den Plan an. Schließlich überprüfen Sie alles noch einmal (Seite 153) und schauen dann auch wieder mit etwas Abstand aus der weisen Perspektive (Seite 154) auf die ganze Sache.

Sobald Sie sich bereit fühlen, können Sie einen guten Freund bitten, ihm Ihre Idee und den Plan vorstellen zu dürfen. Erklären Sie ihm, was Sie verändern wollen, welche Zielvision Sie sich vorstellen und welches Lebensgefühl Sie erwarten, wenn Sie die Veränderungen tatsächlich umsetzen. Sie werden vermutlich bemerken, dass Ihr ganzes Thema noch einmal neu Form bekommt, wenn Sie die Einzelheiten aussprechen und jemandem darlegen, der Ihre Träume, Vorstellungen und Erwartungen verstehen soll. Da Ihr Gegenüber ein Freund ist, wird er Ihnen geduldig zuhören. Bitten Sie ihn um seine Einschätzung. Möglicherweise kann er Ihnen noch wertvolle Hinweise geben. Wenn Sie nach dem Gespäch dann ausreichend Klarheit haben, können Sie anfangen, den Plan zu verwirklichen.

DAS RAD DREHT SICH WEITER

Sie haben nun möglicherweise eine große Lebensveränderung bewältigt und sind wieder in ruhigerem Fahrwasser angelangt. Doch das Rad des Wandels bleibt immer in Bewegung. Wir merken es an uns selbst und anderen, weil wir uns alle ja ständig verändern, älter werden und uns weiterentwickeln. Und doch gibt es etwas, das sich nicht wandelt: Die klare Stille in Herz und Geist (siehe Seite 21), die alles durchdringt, ist zeitlos. Es gibt in ihr kein Kommen und Gehen, sondern nur den absolut stillen, klaren, wachen Geist. Man kann ihn weder bekommen noch verlieren. Man kann ihn nur entdecken als eine Dimension großer Freiheit – nicht getrennt vom Wandel und seinen verschlungenen Dynamiken, aber ihnen auch nicht unterworfen. Die Übungen und Meditationen in diesem Buch tragen Sie nicht nur durch Umbrüche und Veränderungen, Sie bieten Ihnen auch die Chance, diese Stille zu erfahren, wann immer Sie sich dafür öffnen.

Register

Bücher,
die weiterhelfen

Bücher

Germer, Christopher: *Der achtsame Weg zur Selbstliebe.* Arbor

Gilbert, Paul/Choden: *Achtsames Mitgefühl.* Arbor

Halifax, Joan: *Im Sterben dem Leben begegnen.* Theseus

Kast, Verena: *Vom Sinn der Angst.* Herder

Knuf, Andreas. *Ruhe da oben!* Arbor

Kornfield, Jack: *Frag den Buddha und geh den Weg des Herzens.* Kösel

Osterloh, Tineke: *Dharma Coaching.* Theseus

Ricard, Matthieu: *Glück.* Knaur

Singer, Tania/Ricard, Matthieu: *Mitgefühl in der Wirtschaft.* Knaus

Thupten, Jinpa: *Mitgefühl: Offen und empathisch sich selbst und dem Leben neu begegnen.* O. W. Barth

Wetzel, Sylvia: *Achtsamkeit und Mitgefühl: Mut zur Muße statt Hektik und Burnout.* Klett-Cotta

Aus dem GRÄFE UND UNZER Verlag

Chödrön, Pema: *Vom Glück des Scheiterns*

Daiker, Ilona: *Gelassen wie ein Buddha. Meditationen und Achtsamkeitsübungen für 52 Wochen* (ein Tischaufsteller)

Eßwein, Jan: *Achtsamkeitstraining* (mit Audio-CD)

Heller, Jutta: *Resilienz. 7 Schlüssel für mehr innere Stärke*

Hoffmann, Ulrich: *Mini-Meditationen*

Hoffmann, Ulrich: *Meditation. Mein Übungsbuch für Wohlbefinden und Gelassenheit*

Iding, Doris: *Der kleine Achtsamkeitscoach*

Iding, Doris: *Achtsamkeit. Mein Übungsbuch für mehr Balance und Harmonie*

Mannschatz, Marie: *Meditation. Mehr Klarheit und innere Ruhe* (mit Audio-CD)

Mannschatz, Marie: *Mit Buddha zu innerer Balance. Wie Sie aus der Achterbahn der Gefühle aussteigen* (mit Audio-CD)

Mannschatz, Marie/Baur, Angelika: *Buddhas Herzmeditation* (mit Audio-CD)

Rampe, Micheline: *Buddha für Pragmatiker* (mit Audio-CD)

Schneider, Maren: *Der kleine Alltags-Buddhist*

Späth, Thomas/Shi Yan Bao: *Shaolin. Das Geheimnis der inneren Stärke*

Mehr Energie, mehr Wohlbefinden!

ISBN 978-3-8338-5100-1

ISBN 978-3-8338-4323-5

ISBN 978-3-8338-4570-3

ISBN 978-3-8338-4804-9

ISBN 978-3-8338-5589-4

ISBN 978-3-8338-1993-3

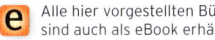 Alle hier vorgestellten Bücher sind auch als eBook erhältlich.

IMPRESSUM

© 2017 GRÄFE UND UNZER VERLAG GmbH, München

Alle Rechte vorbehalten. Nachdruck, auch auszugsweis, sowie Verbreitung durch Bild, Funk, Fernsehen und Internet, durch fotomechanische Wiedergabe, Tonträger und Datenverarbeitungssysteme jeder Art nur mit schriftlicher Genehmigung des Verlages.

Projektleitung: Ilona Daiker

Lektorat: Ulrike Auras

Bildredaktion: Henrike Schechter

Umschlaggestaltung & Layout: independent Medien-Design, Horst Moser, München

Herstellung: Susanne Mühldorfer

Satz: Uhl + Massopust GmbH, Aalen

Repro: Longo AG Bozen

Druck und Bindung: Drukarnia Dimograf SP. z. o. o, Polen

ISBN 978-3-8338-5246-6

1. Auflage 2017

Bildnachweis
Illustrationen:
Anke Bär: Seite 24/25; Tatjana Davidova: alle Icons
Fotos:
F1online: Seite 5, 122; GettyImages: Seite 70; Photocase: Seite 3, 26; Plainpicture: Seite 2, 6, 8; Stocksy: Seite 4, 48, 88

Syndication:
www.seasons.agency Ein Unternehmensbereich der StockFood GmbH

CD
Autorin und Sprecherin:
Tineke Osterloh

Produktion:
VIAS ENTERTAINMENT, Vias Entertainment is a unit of the Vias Projects GmbH

Wichtiger Hinweis
Die Inhalte dieses Ratgebers wurden sorgfältig recherchiert und haben sich in der Praxis bewährt. Alle Leserinnen und Leser sind jedoch aufgefordert, selbst zu entscheiden, ob und inwieweit sie Übungsanleitungen und Anregungen aus diesem Buch umsetzen wollen und können. Der Autor und der Verlag übernehmen keine Haftung für die Resultate.

 www.facebook.com/gu.verlag

GRÄFE
UND
UNZER

Ein Unternehmen der
GANSKE VERLAGSGRUPPE